U0929283

改革开放40周年·大国议题丛书

绸缪东北

——新一轮东北振兴

周建平　著

CHOUMOU DONGBEI

XINYILUN

DONGBEI ZHENXING

重庆大学出版社

内容简介

本书以东北振兴战略实施为主线，回顾了东北地区发展历程，介绍了东北振兴战略实施情况，分析提出了当前推进东北老工业基地振兴的基本思路和重点任务，并对新一轮东北振兴战略实施进行了展望。

本书是作者与其同人多年来工作经验的提炼升华和对当前东北振兴战略实施的深层次思考，同时作者也长期从事东北振兴方面行政工作。本书力图为研究东北振兴的理论工作者提供借鉴，为从事东北振兴的行政工作者提供参考，为关心、关注和实施东北振兴的社会各界提供有用的信息。

图书在版编目(CIP)数据

绸缪东北：新一轮东北振兴／周建平著．--重庆：重庆大学出版社，2018.9

(改革开放40周年·大国议题丛书)

ISBN 978-7-5689-1389-8

Ⅰ.①绸… Ⅱ.①周… Ⅲ.①区域经济发展—研究—东北地区 Ⅳ.①F127.3

中国版本图书馆CIP数据核字(2018)第223905号

改革开放40周年·大国议题丛书

绸缪东北

——新一轮东北振兴

周建平　著

策划编辑：马　宁　尚东亮

责任编辑：尚东亮　版式设计：尚东亮

责任校对：王　倩　责任印制：张　策

*

重庆大学出版社出版发行

出版人：易树平

社址：重庆市沙坪坝区大学城西路21号

邮编：401331

电话：(023) 88617190　88617185(中小学)

传真：(023) 88617186　88617166

网址：http://www.cqup.com.cn

邮箱：fxk@cqup.com.cn (营销中心)

全国新华书店经销

北京盛通印刷股份有限公司印刷

*

开本：720mm×1020mm　1/16　印张：12.5　字数：174千

2018年9月第1版　2018年9月第1次印刷

ISBN 978-7-5689-1389-8　定价：69.00元

丛书编委会

中国改革开放为什么能够成功

——《改革开放40周年·大国议题丛书》总序

经过40年的改革开放,中国成功地实现了从计划经济向市场经济的转轨,国家经济实力、科技实力、国防实力、综合国力得到前所未有的提升;党的面貌、国家的面貌、人民的面貌、军队的面貌、中华民族的面貌发生了前所未有的变化。我们的改革开放为什么能够成功?回首40年改革开放历程,有三条重要经验值得总结。

坚持党对改革开放的领导,确保社会主义方向不动摇

办好中国的事情,关键在党。改革开放之初,邓小平同志就将坚持党中央的领导核心地位与推进改革开放紧密联系起来,不仅要求党中央树立权威,体现出能力,还强调要打造“一个具有改革开放形象的领导集体”。以江泽民同志为核心的党中央面对改革的深入推进和国际环境的深刻变化,向全党明确提出了“四个服从”;以胡锦涛同志为总书记的党中央,立足于推进社会主义现代化的重任,提出要坚决维护中央权威。

习近平总书记多次强调要充分发挥党总揽全局、协调各方的核心作用,全党要统一意志、统一行动、步调一致,尤其是中央政治局要带头自觉维护中央权威,增强工作合力,做到“全党一盘棋、全国一盘棋”。他告诫全党:“中国是一个大国,决不能在根本性问题上出现颠覆性错误,一旦出现就无法挽回、无法弥补。”

从世界社会主义运动的经验教训看,如果没有共产党作为坚强的领导核心,改革就会进退失据,甚至走上不归路。苏联之所以解体,一个重要原因就是1990年3月苏联通过修改宪法取消了党的领导,结果使改革背离人民的利益,最终酿成悲剧。戈尔巴乔夫曾在接受中国记者采访时说:“我深深体会到,改革时期,加强党对改革进程的领导,是所有问题的重中之重。在这里,我想通过我们的惨痛失误来提醒中国朋友:如果党失去对社会和改革的领导,就会出现混

乱,那将是非常危险的。”

坚持党对改革的领导,最根本的就是要保证改革开放不偏离社会主义方向,既不走封闭僵化的老路,也不走改旗易帜的邪路。什么是社会主义?邓小平同志1978年9月在东北三省视察时说:“社会主义要表现出它的优越性,哪能像现在这样,搞了20多年还这么穷,那要社会主义干什么?”1984年11月,他第一次提到了共同富裕,并在一次即席讲话中指出:“社会主义的目的就是要全国人民共同富裕,不是两极分化……我们提倡一部分地区先富起来,是为了激励和带动其他地区也富裕起来。”1992年邓小平在“南方谈话”中提出“社会主义的本质就是解放生产力,发展生产力,消灭剥削,消除两极分化,最终达到共同富裕”,并且强调“共同富裕是社会主义制度不能动摇的原则”。

党的十八大以来,以习近平同志为核心的党中央坚定不移地带领人民走共同富裕的道路。习近平总书记指出:“我们追求的发展是造福人民的发展,我们追求的富裕是全体人民共同富裕。”2012年年底,习近平总书记在河北调研时指出:“没有农村的小康,特别是没有贫困地区的小康,就没有全面建成小康社会”;2013年至2015年,他在海南、云南、陕西等地调研时多次论及“小康不小康,关键看老乡”“全面实现小康,一个民族都不能少”。2013年11月习近平总书记在湖南湘西考察时首次提出精准扶贫,进一步拓展了共同富裕的实现途径。在精准扶贫、精准脱贫基本方略的统领下,社会各界、各行各业的力量被动员起来,产业扶贫、教育扶贫、健康扶贫、金融扶贫、生态扶贫、电商扶贫相继涌现。东西部扶贫协作和对口支援政策积极推行,一系列脱贫创新实践在各地蓬勃开展。

坚持“三个有利于”标准,充分尊重人民群众的首创精神

1984年10月,《中共中央关于经济体制改革的决定》明确规定,全党同志在进行改革的过程中,应该把是否有利于发展生产力作为检验一切改革得失成败的最主要标准。1987年6月邓小平同志明确讲:“我们的改革要达到一个什么目的呢?总的目的是要有利于巩固社会主义制度,有利于巩固党的领导,有

利于在党的领导和社会主义制度下发展生产力。”同年10月党的十三大提出：“是否有利于生产力发展应该成为我们考虑一切问题的出发点和检验一切工作的根本标准。一切有利于生产力发展的东西，都是符合人民根本利益的，因而是社会主义所要求的，或是社会主义所允许的。”

1992年邓小平在“南方谈话”中明确提出，判断改革开放中一切工作得失、是非、成败的标准是：是否有利于发展社会主义社会的生产力，是否有利于增强社会主义国家的综合国力，是否有利于提高人民的生活水平。这“三个有利于”的判断标准不仅包括了生产力标准，而且把发展生产力、增强综合国力和提高人民生活水平三者有机结合起来，是对生产力标准的深化和发展。

坚持“三个有利于”标准，不断解放和发展生产力，要依靠亿万群众的主体力量和创新精神，依靠人民迸发出激情和活力。事实证明：改革开放的历程就是人民群众的首创精神不断激发、不断涌现的过程。

1978年12月，安徽凤阳小岗村18户农民自发搞起了“大包干”，由此揭开了农村改革的序幕。1980年9月，中央决定允许农民根据自愿原则实行家庭联产承包制；1982年1月，中央一号文件明确指出“包产到户、包干到户都是社会主义集体经济的生产责任制”；到1983年年初，中央一号文件进一步肯定，家庭联产承包责任制是“在党的领导下中国农民的伟大创举”。邓小平同志曾明确指出：“农村搞家庭联产承包，这个发明权是农民的。”他说，“新的农村政策优势从哪里来的？难道是我们几个中央领导同志，我们的省长、书记们的发明吗？这里面当然有党的集体智慧，各级党政领导确实做了大量概括和提高的工作。而更重要的，却是亿万农民的实践，亿万农民的创造”，还说“农村改革中的好多东西，都是基层创造出来，我们把它拿来加工提高作为全国的指导”。

非公经济的发展同样来源于人民群众创业激情的释放。1982年温州出现创业高潮，当地个体工商企业超过10万家，占全国总数的十分之一，形成了闻名全国的“温州模式”。温州的非公经济发展当时之所以能领跑全国，一个重要的原因就是温州人“敢为人先、特别能创业”的精神得到了充分尊重，创新意识被充分调动,才走出了一条“生活逼出来,市场放出来,群众闯出来”的独特发展之路。

党的十八大以来,习近平总书记强调,改革开放是亿万人民自己的事业,必须坚持尊重人民首创精神。他指出:“要广泛听取群众意见和建议,及时总结群众创造的新鲜经验,充分调动群众推进改革的积极性、主动性、创造性,把最广大人民智慧和力量凝聚到改革上来,同人民一道把改革推向前进。”“要充分调动人民群众的积极性、主动性、创造性”“要自觉拜师人民、尊重人民、依靠人民”。在推进改革开放的实践中,全国不少地方尊重人民首创精神,激发企事业单位、社会组织的活力,盘活各类社会资源,在推动实现政府治理和社会自我调节、居民自治良性互动方面实现了新突破。

坚持改革、发展、稳定的有机统一,正确处理三者关系

早在20世纪80年代初,邓小平同志多次提出必须保持“国内安定团结的政治局面”。1987年在接见外宾时他指出,保持“国内安定团结的政治局面”和“有领导有秩序地进行社会主义建设”是实现“三步走发展战略”的重要条件之一。“没有安定团结的政治环境,什么事情都干不成。”1989年2月邓小平同志指出:“中国的问题,压倒一切的是需要稳定。没有稳定的环境,什么都搞不成,已经取得的成果也会失掉。”

以江泽民同志为核心的第三代中央领导集体,将改革、发展、稳定作为中国改革开放和社会主义现代化建设事业三个有机统一的组成部分:改革是动力,发展是目的,稳定是前提。以胡锦涛同志为总书记的党的领导集体,着眼于科学发展和构建社会主义和谐社会,自觉调整和改革生产关系与生产力、上层建筑与经济基础不相适应的方面和环节,不断提高改革决策的科学性,增强改革措施的协调性。

党的十八大以来,以习近平同志为核心的党中央,要求必须处理好改革、发展、稳定三者之间的关系,以更大的政治勇气和智慧,进一步解放思想、解放和发展社会生产力、增强社会创新活力。习近平同志强调,全面深化改革要处理好几种关系,其中就包括要处理好胆子要大和步子要稳的关系、改革发展稳定

的关系。改革是发展的动力，是实现长期稳定的基础；发展是改革的目的，是稳定最可靠的保证；稳定则是改革、发展的前提条件，也是发展的重要要求。处理改革发展稳定的关系，就是要坚持把改革的力度、发展的速度和社会可承受的程度统一起来，在社会稳定中推进改革发展。

正确处理改革发展稳定的关系，必须找到三者的结合点。习近平总书记强调，要把"人民拥护不拥护、人民赞成不赞成、人民高兴不高兴、人民答应不答应"作为想问题、干事业的出发点和落脚点，本着对历史负责、对人民负责的态度，准确把握改革发展稳定的平衡点，准确把握近期目标和长期发展的平衡点，准确把握改革发展的着力点，准确把握经济社会发展和改善人民生活的结合点，坚持问政于民、问需于民、问计于民，从老百姓最关心、最直接、最现实的问题入手，在转方式、调结构、保民生、推动可持续发展方面取得实实在在的成效。

中国改革开放为什么能够成功的三条经验已被理论和实践所印证。在中国改革开放40周年之际，在重庆市文化委员会、重庆大学的领导和支持下，成立了由中共中央党校(国家行政学院)副校(院)长王东京教授、重庆大学校长张宗益教授共同担任主任的丛书编委会，在丛书编委会的总体统筹和指导下，由中国大运河智库联盟理事长、重庆智库创始人兼总裁王佳宁同志担任总策划，重庆大学出版社社长易树平教授牵头组织出版了"改革开放40周年·大国议题丛书"。该丛书聚焦中国政府转型、"一带一路"建设、京津冀协同发展、长江经济带发展、新一轮东北振兴、自由贸易试验区等一系列治国理政的伟大实践，既有学术理论研究，又有实践经验总结，兼具原创性、思想性、学术性和史料性，对破解发展难题、增强发展动力、厚植发展优势，具有重要的研究出版价值。10年前，佳宁同志和重庆大学出版社曾经共同策划并推出"中国经济改革30年丛书"，社会反响较大。如今，"改革开放40周年·大国议题丛书"秉承这一好的传统，更以全新面孔出现。丛书作者均为长期跟踪研究改革开放前沿问题的专家学者，阵容强大且权威。

研究和写作是一个知行合一的过程，这是专家学者的使命。丛书9卷，洋洋洒洒,全方位展示改革开放和现代化进程中关键领域、行业的发展进程和愿景。期待“改革开放40周年·大国议题丛书”对关注中国改革开放事业的各界读者有所助益,从而让我们一起以更广博的胸怀续写华夏新篇章。

中共中央党校(国家行政学院)副校(院)长、教授

王东京

2018年8月

重庆大学校长、教授

张宗益

2018年8月

前　言

东北地区是新中国工业的摇篮和我国重要的工业与农业基地，拥有一批关系国民经济命脉和国家安全的产业，资源、产业、科教、人才、基础设施等支撑能力较强，发展区位、空间和潜力巨大，在国家发展全局中举足轻重。党中央、国务院对东北地区发展历来高度重视，2003 年作出实施东北地区等老工业基地振兴战略的重大决策，采取一系列支持、帮助、推动东北地区振兴发展的专门措施。党的十八大以来，以习近平同志为核心的党中央高瞻远瞩、运筹帷幄、高屋建瓴、审时度势，作出了实施新一轮东北地区等老工业基地振兴战略的决策部署，支持东北地区在完善体制机制、推进结构调整、鼓励创新创业、保障和改善民生等方面取得了重要进展。党的十九大对东北振兴工作提出了新的要求，明确提出“深化改革加快东北等老工业基地振兴”。深入分析和系统梳理东北振兴战略的推进历程和实施效果，对研究全国区域协调发展和产业转型升级，具有重要的理论价值和现实意义。

本书的选题立意、篇章结构在周建平主持下，由杨荫凯与王任飞、许欣共同讨论确定。全书分为 4 篇 11 章：“回顾篇”重点介绍东北地区经济发展历程以及东北振兴战略实施情况；“思路篇”重点介绍新一轮东北振兴的重大思路、原则和目标；“策略篇”重点结合《中共中央 国务院关于全面振兴东北地区等老工业基地的若干意见》的贯彻落实，分章节介绍推进东北振兴存在的主要问题和重点工作；“展望篇”重点对东北振兴战略实施前景进行展望，并总结发达国家促进老工业基地转型的相关经验。本书写作过程中，王任飞、许欣、刘羽等承担了资料收集和初稿撰写，王彬、赵文广等参与了相关章节内容的修改完善，王凯、黄索兮等参与了各类图表、数据的校对，许欣负责全书统稿工作，周建平负责全书修改定稿。

本书在写作中还参考了国家发展改革委振兴司近年来委托研究的重点课题,参考了国家统计局编纂的历年统计年鉴,以及辽宁省、吉林省、黑龙江省、内蒙古自治区等东北三省一区近年来开展的规划研究和课题研究,在此一并表示感谢。

著者

2018 年 6 月

目　录

回　顾　篇

思　路　篇

策　略　篇

回顾篇

1978—2018

第一章

1

前生：东北地区经济发展历程简述

东北地区包括东北三省(辽宁省、吉林省、黑龙江省)和内蒙古自治区东部五盟市(呼伦贝尔市、兴安盟、通辽市、赤峰市和锡林郭勒盟,简称"蒙东地区"),总面积145万平方千米,总人口约1.2亿人,是我国最早形成并在区域上和结构上相对完整的大经济区,也是中华人民共和国建立最早、规模最大、最为重要的工业基地。中华人民共和国成立近70年来,东北工业经历了计划经济时期的快速发展和改革开放以后的不断改造振兴,对推进全国工业化作出了历史性贡献。

表1.1　东北三省近年主要统计指标

项　目		全　国	各地区加总	东北三省			
				合计	辽宁	吉林	黑龙江
土地面积	绝对值(万平方千米)	960	960	78.79	14.59	18.74	45.46
	占各地区加总比重(%)	/	/	8.20	1.52	1.95	4.73
2016年末总人口	绝对值(万人)	138 271	137 984	10 910	4 378	2 733	3 799
	占各地区加总比重(%)	/	/	7.91	3.17	1.98	2.75
2017年地区生产总值	绝对值(亿元)	827 122	855 480	55 431	23 942	15 289	16 200
	占各地区加总比重(%)	/	/	6.48	2.80	1.79	1.89
2017年固定资产投资	绝对值(亿元)	631 684	626 464	30 656	6 445	13 131	11 080
	占各地区加总比重(%)	/	/	4.90	1.03	2.10	1.77
2016年地方财政收入	绝对值(亿元)	87 239	87 239	4 612	2 200	1 264	1 148
	占各地区加总比重(%)	/	/	5.29	2.52	1.45	1.32

中华人民共和国成立初期，国家集中力量在东北地区布局建设了一批重工业和资源开采加工企业，积聚了一批关系国民经济命脉的战略产业和骨干企业。特别是“一五”时期，国家安排的苏联援建重大项目156项中（实际实施150项），东北三省合计占58项，占实际实施项目数量的38%。围绕这58个重点项目，又配套建设了上千个大中型项目，由此奠定了东北地区作为新中国重工业基地的地位。“二五”时期，国家投资的重点仍然在东北地区。经过两个五年计划的建设，东北地区初步建设成为国家重要的机械装备和能源原材料工业基地。据统计，改革开放之前，东北地区工业总产值占全国的比重大体保持在17%以上。

改革开放以来，东北老工业基地的建设继续向前推进，但是由于体制性、机制性、结构性矛盾，东北地区与沿海发达地区的差距不断扩大。为解决这一问题，党中央、国务院于21世纪初启动实施了东北地区等老工业基地振兴战略。党的十八大以来，以习近平同志为核心的党中央高瞻远瞩、运筹帷幄、高屋建瓴、审时度势，作出了实施新一轮东北地区等老工业基地振兴战略的决策部署，取得了举世瞩目的巨大成就。党的十九大对新一轮东北振兴工作提出了新的要求，明确提出“深化改革加快东北等老工业基地振兴”，深入分析和系统梳理改革开放以来东北振兴战略的推进历程和政策实施效果，对研究全国区域协调发展和产业转型升级，具有重要的理论价值和现实意义。

第一节　新中国成立前东北地区工业经济发展

1858年6月，清朝政府先后与俄、美、英、法签订《天津条约》。根据《天津条约》的规定，营口于1861年4月成为东北地区第一个对外贸易商埠，从此东北地区与中国其他地区一样，逐步沦为世界列强的半殖民地并开启了与世界市场的联系。1898年5月，中东铁路在东西两端同时开工，经过5年的建设，中东铁路及其南满支线全线开通,共建正线 1 482 千米,支线 987 千米,全长 2 469 千米。中东铁路东西横跨东北三省,由满洲里和绥芬河与俄罗斯铁路相接,又通过大连港与国际航运相连,中东铁路的修建完工使东北地区的铁路客流和货流运输量不断增大。中东铁路修通后,日、俄等国在东北建设了包括车辆、船舶、机械修理与制造、电力、自来水、冶炼、制盐、水泥、砖瓦、药品、火柴、肥皂、卷烟、榨油、面粉和印刷等诸多产业。日俄对东北经济的疯狂掠夺一方面扭曲了东北地区经济的发展,另一方面在客观上促使了东北地区的主要产业由农产品加工业向重工业转化。但是,中华人民共和国成立以前,东北始终是在世界列强的影响和控制下发展,完全没有自主工业体系,这段时期的东北工业发展具有明显的殖民地工业体系特征,轻重工业比例失衡、工农产业比例失调,违背了经济发展的客观规律,造成了严重的偏差和错位,导致了一系列的不良后果。

第二节　改革开放以前东北地区的工业化历程

中华人民共和国成立初期,为加快国家工业化进程,国家集中力量在东北等地区布局建设了一批重工业和资源开采加工企业,形成了一批老工业城市和资源型城市。这些城市中积聚了众多关系国民经济命脉的战略产业和骨干企业,为建设独立、完整的国民经济体系,推动我国工业化和城市化进程作出了历史性重大贡献。特别是"一五"时期,国家启动了以苏联援建的 156 项重大项目为核心、以 900 多个限额以上大中型项目为重点的经济建设,1953—1959 年,共安排大中型建设项目(投资在 1 000 万元以上)921 个。921 项大中型项目中,中西部和东北地区合计占 68%。苏联援建的 156 项重大项目(实际施工 150 项),冶金工业企业 20 个,化学工业企业 7 个,机械工业企业 24 个,能源工业企业 52 个,轻工业和医药加工企业 3 个,军事工业企业 44 个,这些项目中,东北三省合计占 58 项,占实际施工 150 家企业的 38%。并且围绕这 58 个重点项目又建设了上千个配套项目，另外还有几十家企业“南厂北迁”。“二五”时期，国家投资的重点仍然在东北地区，由此奠定了东北地区作为中国重要工业基地的地位。到 1957 年，东北地区已能设计一些比较大型的技术复杂的工程，如年产 150 万吨钢的钢铁联合企业，年产 240 万吨煤的煤矿①。

经过两个五年计划的建设，东北老工业基地已初步建设成为国家重要的机械装备和能源原材料工业基地，对全国社会主义建设发挥着重要的支撑作用。据统计，1952—1975 年，在东北工业构成中，机械工业保持第 1 位，石油工业由第 10 位升至第 2 位，冶金工业由第 4 位升至第 3 位，化学工业由第 6 位升至第 4 位，电力工业由第 9 位升至第 6 位。改革开放之前 30 年，东北工业占全国工业的比重大体保持在 17%以上，最高年份 1960 年达到 26%，即全国工业产出的 1/4 来自东北地区②。

表 1.2　“一五”时期 156 项重大建设项目涉及的城市

所在省份	156 项重点建设项目布局城市
黑龙江省	哈尔滨市、鹤岗市、鸡西市、双鸭山市、齐齐哈尔市、佳木斯市
吉林省	长春市、吉林市、辽源市
辽宁省	沈阳市、大连市、鞍山市、抚顺市、本溪市、阜新市、葫芦岛市
陕西省	西安市、宝鸡市、铜川市
甘肃省	兰州市、白银市
河北省	石家庄市、承德市、邯郸市
云南省	个旧市
内蒙古自治区	包头市
四川省	成都市

① 汪海波.新中国工业经济史（1949.10—1957）[M].北京：经济管理出版社，1994.

② 陈栋生.经济布局的理论与实践[M].沈阳：辽宁大学出版社，1989.

续表

所在省份	156 项重点建设项目布局城市
北京市	北京市
河南省	郑州市、洛阳市、焦作市、平顶山市
湖北省	武汉市
湖南省	株洲市、湘潭市
山西省	太原市、大同市、侯马市
安徽省	淮南市
重庆市	重庆市
新疆维吾尔自治区	乌鲁木齐市
江西省	南昌市、赣州市

资料来源：根据《中华人民共和国发展国民经济的第一个五年计划》统计。

表 1.3 “一五”时期 156 项重大项目中布局在东北地区的项目

一、煤炭(16 项)

项目名称	建设性质	建设地点	建设期限
鹤岗东山 1 号立井	续建	鹤岗	1950—1955
鹤岗兴安台 10 号立井	续建	鹤岗	1952—1956
辽源中央立井	续建	辽源	1950—1955
阜新平安立井	续建	阜新	1952—1957
阜新新邱 1 号立井	新建	阜新	1954—1958
阜新海州露天矿	续建	阜新	1950—1957
兴安台洗煤厂	新建	鹤岗	1957—1959
城子河洗煤厂	新建	鸡西	1957—1959
城子河 9 号立井	新建	鸡西	1955—1959

续表

项目名称	建设性质	建设地点	建设期限
兴安台 2 号立井	新建	鹤岗	1956—1961
抚顺西露天矿	改建	抚顺	1953—1959
抚顺龙凤矿	改建	抚顺	1953—1958
抚顺老虎台矿	改建	抚顺	1953—1957
抚顺胜利矿	改建	抚顺	1953—1957
双鸭山洗煤厂	新建	双鸭山	1954—1958
抚顺东露天矿	新建	抚顺	1956—1961

二、石油（1 项）

项目名称	建设性质	建设地点	建设期限
抚顺第二制油厂	改建	抚顺	1956—1959

三、电力（7 项）

项目名称	建设性质	建设地点	建设期限
阜新热电站	扩建	阜新	1951—1958
抚顺电站	扩建	抚顺	1952—1957
丰满水电站	扩建	丰满	1951—1959
大连热电站	扩建	大连	1954—1958
富拉尔基热电站	新建	齐齐哈尔	1952—1955
吉林热电站	扩建	吉林	1956—1958
佳木斯纸厂热电站	新建	佳木斯	1955—1957

续表

四、钢铁(4 项)

项目名称	建设性质	建设地点	建设期限
鞍山钢铁公司	改建	鞍山	1952—1960
本溪钢铁公司	改建	本溪	1953—1957
富拉尔基特钢厂	新建	齐齐哈尔	1953—1958
吉林铁合金公司	新建	吉林	1953—1956

五、有色(4 项)

项目名称	建设性质	建设地点	建设期限
抚顺铝厂	改建	抚顺	1952—1957
哈尔滨铝厂	新建	哈尔滨	1952—1958
吉林电缆厂	新建	吉林	1953—1955
杨家杖子钼矿	新建	葫芦岛	1956—1958

六、化工(3 项)

项目名称	建设性质	建设地点	建设期限
吉林染料厂	新建	吉林	1955—1958
吉林氮肥厂	新建	吉林	1954—1957
吉林电石厂	新建	吉林	1955—1957

七、机械(13 项)

项目名称	建设性质	建设地点	建设期限
哈尔滨锅炉厂	新建	哈尔滨	1954—1960
长春第一汽车厂	新建	长春	1953—1956

续表

项目名称	建设性质	建设地点	建设期限
沈阳第一机床厂	新建	沈阳	1953—1955
哈尔滨量具刃具厂	新建	哈尔滨	1953—1954
沈阳风动工具厂	改建	沈阳	1952—1954
沈阳电缆厂	改建	沈阳	1952—1954
哈尔滨仪表厂	新建	哈尔滨	1953—1956
哈尔滨汽轮机厂	新建	哈尔滨	1954—1960
沈阳第二机床厂	改建	沈阳	1955—1958
哈尔滨电机厂汽轮发电机车间	新建	哈尔滨	1954—1960
富拉尔基重机厂	新建	齐齐哈尔	1954—1960
哈尔滨碳刷厂	新建	哈尔滨	1956—1958
哈尔滨滚珠轴承厂	新建	哈尔滨	1957—1959

八、轻工（1 项）

项目名称	建设性质	建设地点	建设期限
佳木斯造纸厂	新建	佳木斯	1953—1957

九、军工（9 项）

具体项目略

注：1955 年第一个五年计划颁布时确定的“156”项重点工程中，由于赣南电站改为成都电站，航空部陕西 422 厂分成两项，因此实为 154 项。在 154 项中，有第二汽车制造厂、第二拖拉机厂因厂址未定，山西潞安一号立井、山西大同白土窑立井因地质问题未建，实际上正式施工的项目为 150 个。

资料来源：董志凯，吴江.新中国工业的奠基石：156 项建设研究[M].广州：广东经济出版社，2004.

第三节　改革开放以后东北地区经济发展

党的十一届三中全会做出将全党的工作重点转移到以经济建设为中心的社会主义现代化建设上来的重大决策，提出了“两个大局”的战略思想，沿海地区发展速度大大加快。1978—1995 年，东部沿海地区吸引外资占全国吸引外资总额的 84.7%，基本建设投资超过全国的一半。与此同时，东北地区与东部地区发展差距逐步扩大。1978—2000 年，东部、中部、西部和东北地区的地区生产总值年均增长速度分别为 12.01%、9.99%、9.74%和 8.58%，东北地区增速最慢，与东部地区相差 3.5 个百分点。除东北地区外，全国其他地区的老工业基地受管理体制和经济结构影响，也同步出现增速放缓现象。

为解决这一问题，“七五”时期，国家有关部门开始着手开展以东北地区为重点的大型老工业基地的调整改造工作①。1984 年，国家经贸委设立了老工业基地调整改造基金，并确定上海、天津、武汉、重庆、沈阳、哈尔滨等 6 个老工业城市为老工业基地重点改造城市。“八五”期间，国家对这 6 个老工业基地重点改造城市提供专项贷款 202 亿元（当年价），并出台了重点工业企业减免税利、补贴亏损、贷款贴息等方面的政策。1987 年，国家有关部门又批准将 4 个老工业城市（沈阳、大连、重庆、武汉）列为经济体制改革试点城市，实行利润包干、承包经营责任制等“政策调整型”改革②。这些改革政策和配套资金的支持，取得了不同程度的成效，部分老工业基地经过改造，焕发出蓬勃生机。

---

① 陈栋生.区域经济学[M].郑州：河南人民出版社，1993.

② 王梦奎.加快改革开放步伐，振兴我国老工业基地[J].经济研究参考，1992(Z5)：458-464.

专栏 1　“七五”计划关于老工业基地调整改造的部署

加快现有企业技术改造步伐，重点改造上海、天津、沈阳、大连等老工业城市和老工业基地。积极利用各种外资、侨资，引进先进适用技术和必要的关键设备。加快三线建设的调整和改造。对于布局合理、产品方向明确、经济效益好的企业，进一步充实完善，提高技术水平，改进经营管理。对于建设基本成功，但因受能源、交通、信息等条件的制约，能力没有充分发挥的企业，加强技术改造，补充完善生产能力。对于少数厂址存在问题，产品没有明确方向，无法维持下去的企业，通过关、停、并、转、迁等办法，进行必要的调整。

资料来源：中华人民共和国国民经济和社会发展第七个五年计划。

可以看出，这一时期的老工业基地调整改造还不是一个区域战略，它的任务主要体现在国有企业布局调整和企业技术改造上，政策聚焦在企业布局调整、产品结构调整、企业技术改造、稳定职工队伍等方面，区域上虽然对东北地区沈阳、大连、哈尔滨等城市予以倾斜支持，但同时也兼顾东中西部的典型老工业基地。

第二章

2

开局：东北振兴战略的提出与实施

第一节 东北振兴战略提出的背景

20 世纪 90 年代后期至 21 世纪初，随着我国东部沿海工业的迅速崛起以及东北地区部分城市资源逐渐枯竭，东北地区工业在全国的地位不断下降，传统支柱产业在全国的竞争力减弱，科技创新能力明显不足，部分骨干企业生产经营面临困难，东北地区经济增速放缓的问题也十分突出。2001—2002 年，全国工业增加值增长了 11%，而辽宁、吉林、黑龙江三省的工业增长率分别仅为 6%，12%和-5%①。

为有针对性地解决这一问题，“九五”时期，在继续以大型老工业城市为重点推进调整改造的同时，东北老工业基地的振兴发展问题越来越受到党中央、国务院的高度重视。1995 年 8 月，国务院召开会议，专门研究辽宁老工业基地改造调整问题，决定将辽宁作为“九五”时期老工业基地改造调整试点。同时，国家对黑龙江、吉林等东北地区老工业城市的投入也不断加大②。“九五”计划第一次提出，“积极支持和促进东北等地的老工业基地改造和结构调整”③。

专栏 2 “九五”计划关于老工业基地调整改造的部署

积极支持和促进东北等地的老工业基地改造和结构调整。充分发挥其基础雄厚、人才聚集的优势，结合国有经济布局调整，优化产业结构、企业组织结构和地区布局，形成新的优势产业和企业，有条件的地区要成为新的装备制造基地。积极稳妥地关闭资源枯竭的矿山，因地制宜地促进以资源开采为主的城市和大矿区发展接续产业和替代产业，研究探索矿山开发的新模式。

资料来源：中华人民共和国国民经济和社会发展第九个五年计划。

① 郭腾云，陆大道，甘国辉.近 20 年来我国区域发展政策及其效果的对比研究[J].地理研究，2002，21(4)：504-510.

② 张可云.区域经济政策[M].北京：商务印书馆，2005.

③ 魏后凯.区域经济发展的新格局[M].昆明：云南人民出版社，1995.

2002 年 11 月,党的十六大报告首次明确提出“支持东北地区等老工业基地加快调整和改造,支持以资源开采为主的城市和地区发展接续产业”。2003 年 10 月,党中央、国务院印发《中共中央 国务院关于实施东北地区等老工业基地振兴战略的若干意见》,正式启动实施东北地区等老工业基地振兴战略,明确提出“支持东北地区等老工业基地加快调整改造,是党中央从全面建设小康社会全局着眼作出的又一大重大战略决策,各部门各地方要像当年建设沿海经济特区、开发浦东新区和实施西部大开发战略那样,齐心协力,扎实推进,确保这一战略的顺利实施”。这标志着我国的老工业基地振兴政策从过去的企业和产业调整改造,正式转为以东北地区为重点的区域战略①。

专栏 3 《中共中央 国务院关于实施东北地区等老工业基地振兴战略的若干意见》概要

2003 年 10 月,中共中央、国务院印发的《中共中央 国务院关于实施东北地区等老工业基地振兴战略的若干意见》指出,支持东北地区等老工业基地加快调整改造,是党的十六大提出的一项重要任务,是党中央从全面建设小康社会全局着眼作出的又一重大战略决策,各部门各地方要像当年建设沿海经济特区、开发浦东新区和实施西部大开发战略那样,齐心协力,扎实推进,确保这一战略的顺利实施。

一、加快东北地区等老工业基地振兴具有重大战略意义

二、振兴东北地区等老工业基地的指导思想和原则

三、加快体制创新和机制创新

四、全面推进工业结构优化调整

① 陆大道.中国区域发展的理论与实践[M].北京:科学出版社,2003.

五、大力发展现代农业

六、积极发展第三产业

七、推进资源型城市经济转型

八、加强基础设施建设

九、进一步扩大对外对内开放

十、加快发展科技教育文化事业

十一、制定完善相关政策措施

十二、加强组织领导

2003年以后,东北振兴战略不断取得积极进展。经济发展进入新常态后,在周期性和结构性因素的影响下,东北地区经济下行压力持续增大,部分行业和企业生产经营困难,民生问题日益突出。党的十八大以来,习近平总书记多次到东北地区调研,召开专题会议,就东北振兴工作发表系列重要讲话,做出系列重要批示指示,提出了新的重大部署。新一轮东北振兴战略就是要解决东北地区对经济发展新常态的不适应问题,解决东北地区面临的深层次体制性、机制性、结构性问题,促进东北老工业基地提升发展活力、内生动力和整体竞争力,为长远发展奠定良好的基础。2016年2月,党中央、国务院印发的《中共中央 国务院关于全面振兴东北地区等老工业基地的若干意见》明确提出,"当前和今后一个时期是推进老工业基地全面振兴的关键时期",全面振兴东北地区等老工业基地"事关我国区域协调发展战略的实现,事关我国新型工业化、信息化、城镇化、农业现代化的协调发展,事关我国周边和东北亚地区的安全稳定,意义重大,影响深远",要求"适应把握引领经济发展新常态,贯彻落实发展新理念,加快实现东北地区等老工业基地全面振兴"。这标志着新一轮东北振兴战略正式启动实施。

2017年10月胜利召开的党的十九大深刻分析了国际国内形势发展变化,作出了中国特色社会主义进入了新时代、我国社会主要矛盾发生变化等重大政治论断,确立了习近平新时代中国特色社会主义思想的历史地位,提出了新时代坚持和发展中国特色社会主义的基本方略,明确了决胜全面建成小康社会、开启全面建设社会主义现代化国家新征程的目标,对新时代推进中国特色社会主义伟大事业和党的建设新的伟大工程作出了全面部署。党的十九大明确提出,“深化改革加快东北等老工业基地振兴”,“支持资源型地区经济转型发展”,同时在深化供给侧结构性改革、加快培育发展新动能、支持传统产业优化升级、培育若干世界先进制造业集群、加强创新体系建设、实施乡村振兴战略、推进新型城镇化、深化国有企业改革、扩大对外开放等领域也提出了与东北振兴紧密相关的新要求,新一轮东北振兴战略的实施进入了新阶段。

第二节　过去十年东北振兴战略的主要配套政策

2003 年 10 月,中共中央、国务院印发的《中共中央 国务院关于实施东北地区等老工业基地振兴战略的若干意见》指出,“将老工业基地调整改造、发展成为技术先进、结构合理、功能完善、特色明显、机制灵活、竞争力强的新型产业基地,使之逐步成为中国经济新的重要增长区域”。2003 年 12 月,国务院决定成立振兴东北地区等老工业基地领导小组。2004 年,国务院振兴东北地区等老工业基地领导小组办公室(简称“振兴东北办”)正式成立,全面负责东北地区等老工业基地调整改造和振兴工作。据不完全统计,在国务院振兴东北办的积极推动下,国家先后制定实施了一系列支持东北振兴的政策,涉及基础设施、国债投资、财税、金融、国有企业改革、社会保障、科技人才、沉陷区治理等诸多方面[①]。

---

① 张可云.区域经济政策[M].北京:商务印书馆,2005.

表 2.1　2003—2012 年国家出台的支持东北老工业基地振兴的政策文件和规划的基本情况（不完全统计）

一、推动振兴的纲领性、综合性文件
中共中央 国务院关于实施东北地区等老工业基地振兴战略的若干意见（2003 年）
国务院办公厅关于促进东北老工业基地进一步扩大对外开放的实施意见（2005 年）
国务院关于加快振兴装备制造业的若干意见（2006 年）
国务院关于促进资源型城市可持续发展的若干意见（2007 年）
国务院关于进一步实施东北地区等老工业基地振兴战略的若干意见（2009 年）
国务院关于《东北地区振兴规划》的批复（2007 年）
国务院关于《东北振兴"十二五"规划》的批复（2012 年）
国务院关于《全国老工业基地调整改造规划》的批复（2013 年）
二、深化体制机制改革
（一）解决老工业基地历史遗留问题
1.分离企业办社会职能
国务院办公厅关于中央企业分离办社会职能试点工作有关问题的通知（2004 年）
国务院办公厅关于第二批中央企业分离办社会职能工作有关问题的通知（2005 年）
国务院办公厅关于东北地区厂办大集体改革试点工作的指导意见（2005 年）
2.国有企业政策性关闭破产
国务院办公厅转发国资委关于加快东北地区中央企业调整改造指导意见的通知（2004 年）
3.减轻企业负担
国家税务总局关于加强东北地区扩大增值税抵扣范围管理有关问题的通知（2004 年）
财政部 国家税务总局关于印发《东北地区扩大增值税抵扣范围若干问题的规定》的通知（2004 年）
财政部关于进一步落实东北地区扩大增值税抵扣范围政策的紧急通知（2004 年）
财政部 国家税务总局关于豁免东北老工业基地企业历史欠税有关问题的通知（2006 年）
财政部 国家税务总局关于落实振兴东北老工业基地企业所得税优惠政策的通知（2004 年）

续表

财政部 国家税务总局关于调整东北老工业基地部分矿山油田企业资源税税额的通知(2004 年)
三、产业结构调整升级
科技部关于印发《振兴东北老工业基地科技行动计划》的通知(2004 年)
国家发展改革委 国务院振兴东北办关于印发《发展高技术产业促进东北地区等老工业基地振兴的指导意见》的通知(2005 年)
国土资源部 国务院振兴东北办关于印发《关于东北地区老工业基地矿产资源若干政策措施》的通知(2005 年)
国家旅游局 国家发展改革委关于印发《东北地区旅游业发展规划》的通知(2010 年)
国务院办公厅转发发展改革委 农业部关于加快转变东北地区农业发展方式建设现代农业的指导意见的通知(2010 年)
国家发展改革委关于印发《东北地区物流业发展规划》的通知(2011 年)
四、保障和改善民生
国务院关于同意辽宁省完善城镇社会保障体系试点实施方案的批复(2001 年)
中共中央办公厅 国务院办公厅关于印发《贯彻落实中央关于振兴东北地区等老工业基地战略进一步加强东北地区人才队伍建设的实施意见》的通知(2004 年)
建设部关于贯彻落实《中共中央 国务院关于实施东北地区等老工业基地振兴战略的若干意见》的意见(2004 年)
建设部关于印发《关于推进东北地区棚户区改造工作的指导意见》的通知(2005 年)
国家发展改革委 教育部 财政部 人力资源社会保障部关于印发《关于促进东北地区职业教育改革创新的指导意见》的通知(2011 年)

资料来源:辽宁省振兴战略政策文件汇编(2012 年)。

这些政策归结起来,可以分为以下 4 个方面:

一是为支持解决历史遗留问题。实施豁免历史欠税、减免银行欠款欠息、剥离不良资产、核销呆坏账等政策,减轻债务负担。实施增值税转型、所得税优惠、降低资源税税额标准等政策,减轻税负负担。发布《东北地区厂办大集体改革试点工作指导意见》,率先开展厂办大集体改革试点。加大对东北国有企业政策性关闭破产的支持力度，分离企业办社会职能，把企业办的公检法、中小学、医院等移交政府主管部门。实施国有企业政策性关闭破产，使扭亏无望企业平稳退出市场。推进国有企业公司制股份制改革，建立现代企业制度，鼓励非公经济参与国企改制重组。支持沈阳经济区新型工业化综合配套改革试验，支持辽宁沿海经济带建成东北地区对外开放重要平台①。

二是解决结构优化问题。设立东北地区等老工业基地调整改造和重点行业结构调整专项，对企业调整改造给予国债资金支持；建立振兴东北老工业基地高技术产业发展专项，对高技术产业化项目给予支持。对东北地区工业结构改造项目进行贴息，扩大老工业基地增值税抵扣范围，对装备制造、石油化工、冶金、船舶、汽车、农产品加工等行业允许新购进机器设备所含增值税税金予以抵扣，后来又延伸到军品和高新技术产品生产企业；豁免东北老工业基地企业在 1997 年 12 月 31 日前形成的历史欠税；对符合税制改革方向的税收改革措施在东北地区先行先试。2004 年率先在黑龙江、吉林两省实行全部减免农业税政策，继而对东北三省实行农村税费改革转移支付、粮食直接补贴、良种补贴。

三是解决资源环境与可持续发展问题。对低丰度油田和衰竭期矿山在不超过 30%的幅度内降低资源税适用税额标准。推进资源型城市经济转型，在东北地区率先开展资源枯竭城市转型试点政策并安排中央预算内专项转移支付，全面实施东北地区采煤沉陷区治理改造工程，实行土地使用和矿产资源开发利用优惠政策，支持推进节能减排和环境整治。

四是解决改善民生问题。完善社会保障体系，率先开展城镇社会保障体系试点，促进国企下岗职工向失业并轨，确保“零就业家庭”至少一人就业；率先在东北地区实施棚户区改造工程，支持东北地区社会事业加快发展。将社会保障试点由辽宁推广到黑龙江和吉林，并对三省社保中“并轨”和“做实”给予财政补助；就业和再就业政策向东北倾斜，重点解决资源枯竭型城市、独立矿区以及军工、煤炭、冶金、森工等行业下岗失业人员的再就业工作。中央预算内

---

① 金凤君，张平宇，樊杰，等.东北地区振兴与可持续发展战略研究[M].北京：商务印书馆，2006.

投资对东北地区城市供热、供水等管网设施改造、基础设施建设、水利建设、农村公路建设提供资金。

东北三省及内蒙古自治区全面贯彻落实中央实施老工业基地振兴的战略部署,紧密结合本地区实际,先后出台了本地区老工业基地振兴规划和工作意见,实施了一系列地方配套政策,进一步延伸和拓展了中央振兴政策的功能,为老工业基地振兴营造了良好的政策环境①。

第三节　东北振兴战略实施以来的阶段性成效

十多年来,在各方面的共同努力下,东北振兴取得了重要的阶段性成果。从总体指标看,东北三省 GDP 由 2003 年的不足 1.3 万亿元增至 2015 年的 5.8 万亿元左右,年均增长 11%左右,人均 GDP 从 2 000 美元增至 8 000 美元以上,经济综合实力明显增强。从改革开放看,增值税转型、农业税减免等在东北地区先行先试,沿海沿边全方位开放格局初步形成,与周边国家和地区合作深入推进。从产业发展看,自主创新能力明显提升,部分重大装备研制走在全国前列,骨干企业的技术装备水平、生产制造能力、产品质量和创新能力显著提高,又创造了很多“中国第一”,辽宁的高档数控机床、新型船舶,吉林的轨道客车、商用卫星,黑龙江的燃气轮机、工业机器人等居全国领先水平,有的达到世界先进水平,粮食综合生产能力显著提高②。从民生保障看,社会保障体系逐步健全,资源枯竭城市经济转型得到有力的政策支持,棚户区、城区老工业区、独立工矿区、采煤沉陷区改造全面实施。实践证明,党中央、国务院关于实施东北地区等老工业基地振兴战略的重大决策是完全正确的,东北老工业基地实现全面振兴的前景是十分广阔的。

一是综合经济实力不断增强。东北三省 GDP 由 2003 年的不足 1.3 万亿元增至 2015 年的 5.8 万亿元左右,年均增长 11%左右,特别是 2003—2012 年,三

---

① 王洛林,魏后凯.东北地区经济振兴战略与对策[M].北京:社会科学文献出版社,2005.

② 金凤君,张平宇,樊杰,等.东北地区振兴与可持续发展战略研究[M].北京:商务印书馆,2006.

省地区生产总值从 12 700 亿元增加到 50 400 亿元，年均增长 12.7%，高于全国平均水平 2 个百分点。公共财政预算收入年均增长 22.6%，比前十年年均增速加快14.8 个百分点。全社会固定资产投资年均增长高达 28.8%，高出全国平均水平 4.9 个百分点。社会消费品零售总额年均增长 15.6%；外贸进出口总额年均增长17.8%；实际利用外商直接投资年均增长 15.6%，高出全国平均水平 5. 5 个百分点①。

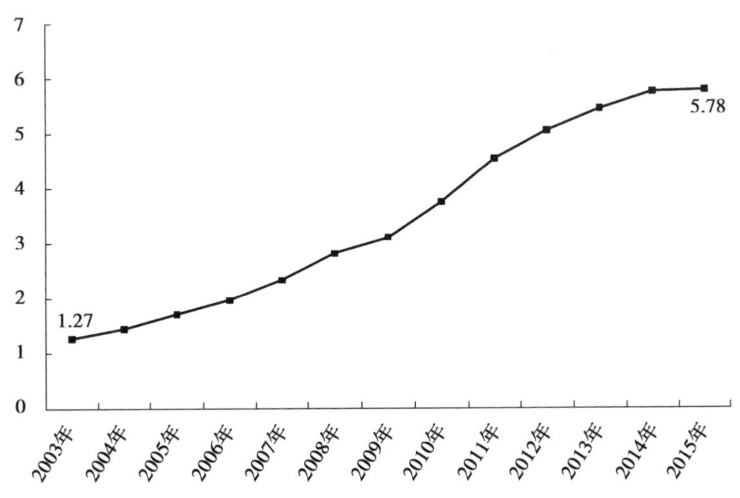

图 2.1　2003—2015 年东北三省国内生产总值(万亿元)

二是体制机制改革初见成效。以国企改革为突破口，以产权制度改革为核心，实施增值税转型、国有企业政策性破产、豁免企业历史欠账、中央企业分离办社会职能、厂办大集体改革等一系列政策，使一些国企减轻了包袱，缓解了遗留问题。90%以上的国有工业企业完成产权制度改革，股权结构多元化格局初步形成，企业活力明显增强。跨地区、跨行业、跨所有制的兼并重组成为东北地区国企改革的一大特色，百余家大型骨干企业实现战略性重组。大连造船和大连新船两大船舶生产厂合并，中钢集团公司重组原吉林碳素股份有限公司，中煤能源集团公司接收哈尔滨气化厂、哈尔滨煤炭工业公司等企业。一批大型企

① 杜鹰.2013 中国区域经济发展年鉴[M].北京：中国财政经济出版社，2013.

业通过联合重组,实现由大向强的转变。通过政策性破产、核销呆坏账、分离企业办社会、剥离不良资产、豁免历史欠税、处置不良贷款等政策使国企卸下了沉重的历史包袱。10 年间,东北三省累计政策性破产企业 320 户,安置职工 83.3 万人,占全国 1/5 左右。250 多家企业共分离企业办社会 1 700 多家,涉及职工 17 万人。通过整合重组、企业上市、政策性关闭破产等形式,剥离不良资产 3 110亿元。非公有制经济快速发展。政府职能加快转变,行政审批权限逐步下放,综合配套改革顺利起步。同时非公有制经济加快发展,成为东北地区经济发展的重要支撑,2013 年东北三省规模以上非公有制企业工业销售产值占比 69.45%,比 2003 年提高 37.31 个百分点。

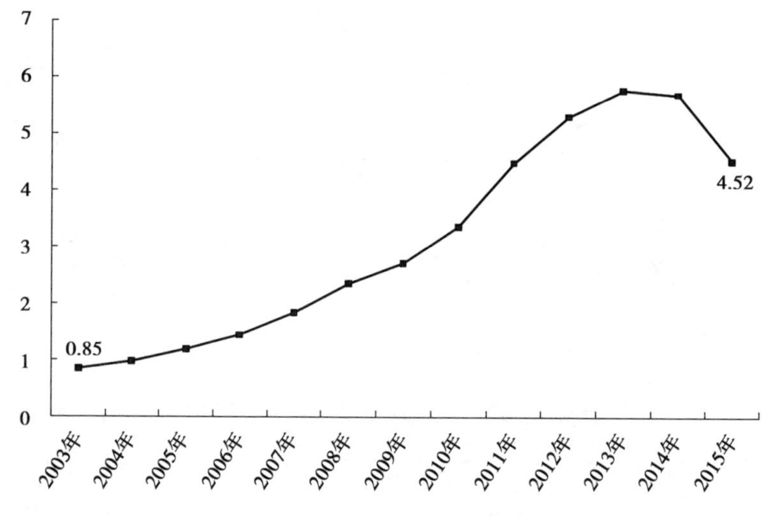

图 2.2　2003—2015 年东北三省地方财政收入(千亿元)

三是优势产业竞争力逐步重塑。国家加大对东北老工业基地重大技术装备自主化的支持力度,十年来,百万千瓦核电、火电机组、特高压输变电设备,大型水轮机组,大型风电机组,百万吨乙烯装置,大型盾构机,高速动车组列车,先进船舶和海上钻井平台,高档数控加工中心和重型数控机床等一大批重大技术装备在老工业基地研制成功,在重大技术装备和国防科技工业等领域继续发挥着支柱作用。2003—2013 年辽吉黑三省装备制造业工业销售产值增加幅度较大，其中金属制品业、通用设备制造业、专用设备制造业、交通运输设备制造业和电气机械及器材制造业工业销售产值增加较快，2013 年是 2003 年的 8.11 倍，占全部工业销售产值的 27.8%，分别占全国同行业销售产值的 7.36%、11. 93%、10. 05%、13.94%和 4.49%；仪器仪表及文化、办公用机械制造业，通信设备制造业，计算机及其电子设备制造业工业销售产值是 2003 年的 3.12 倍。从产品产量看，金属切割机床产量增加显著，2013 年约为 2003 年的 2 倍，辽宁约为 2 倍，吉林约为 5 倍，三省产量占全国的 15.21%；汽车产量增加也较快，约为 2003 年的 3 倍，占全国的 12.8%，汽车产业集群化发展态势明显，其轿车约为 2003 年的 4 倍，辽宁约为 17 倍；发电机组产量为 2003 年的 3 倍多，占全国的 15.29%。一批龙头企业在全国同行业中具有较强的竞争力，有些甚至在国际上也具有一定影响力。大连造船厂国内规模最大，产品最全，最具国际竞争力；沈阳机床、大连机床两大集团公司双双进入世界机床行业十强之列；哈尔滨电站设备集团、长春轨道客车有限公司、长春第一汽车制造厂、中国第一重型机械集团公司（齐齐哈尔）、哈飞汽车、齐齐哈尔轨道交通公司、大连重工起重集团、沈阳鼓风机集团等也都享有盛名。

专栏 4　东北地区装备制造业基地的发展

东北地区是全国重要的装备制造业基地之一。经过十年振兴战略的实施，百万千瓦核电、超超临界火电、±800 千伏直流和 100 万伏交流特高压输变电成套设备，70 万千瓦大型水轮机组，30 万千瓦抽水蓄能机组，5 兆瓦大型风电机组，百万吨级乙烯装置，大型盾构机，时速 350 千米高速列车，航空航天军工领域急需的高档五轴联动加工中心和重型数控机床等在东北地区实现自主化，沈阳、大连、哈尔滨、齐齐哈尔等具有国际竞争力的先进装备制造业基地正在形成。其中沈阳和大连的装备制造业产值排名靠前。

沈阳聚集着沈阳机床、北方重工、新沈鼓集团、三一重装、北方交通重工、特变电工沈变集团等众多国家级重型装备公司，产品覆盖矿山设备、电站设备、冶炼设备、轧钢设备、石化设备、水泥设备、起重设备、数控机床、锻压设备、人造板成套设备、散料输送设备、环保设备、工程机械、传动机械、农业机械、金属切削机床、大型输变电设备等，广泛应用于矿山、石化、冶金、电力、国防、科研等领域，素有“东方鲁尔”之称。2008 年 11 月，经《装备制造》杂志社和装备工业发展研究中心联合评选，沈阳铁西新区入选我国重要的装备制造业聚集区，并居第一位。

大连拥有大连机床集团、华锐风电公司、大连造船集团、大连船用曲轴厂等全国知名的行业龙头企业，在高档数控机床及相关产品，风力发电设备、海洋工程装备、大型船用曲轴、盾构机、核电产品、高端铸锻件等重大技术装备，高端机车和城市快轨车辆，高端轴承产品，高端制冷产品等方面具有较好的技术基础。

齐齐哈尔拥有一重集团、齐重集团、齐二集团等行业龙头企业，在数控机床、轨道交通装备、核电装备等方面具有优势。

哈尔滨市拥有哈量集团、哈电集团、哈飞集团等行业骨干企业，在工具量具、发电设备、飞机制造等领域有很强的技术优势。

长春市拥有长客集团等行业龙头企业，在轨道交通装备、农机装备等领域具有很强的技术优势。

2012 年，东北三省发电设备产量占全国的 1/3，数控机床产值占全国的 1/3，内燃机产量占全国的 1/5，炼油能力 1 亿吨，接近全国的 1/5，乙烯产量 250 万吨，占全国的 1/6。钢产量占全国的 1/10 以上，汽车产量占全国的 1/7 左右。造船总能力接近 2 000 万吨，接近全国的 1/5。东北三省在国家装备制造业和重要工业产品生产中发挥着重要的支柱作用。

资料来源：根据东北地区有关城市提供的公开资料整理。

四是科技创新能力不断增强。东北老工业基地的城镇化率较高，三省人均受教育年限多于全国平均水平，仅次于京津沪三地。2013 年初中以上文化程度的人口占总人口比重的 42.79%，比全国平均值高出近 4.78 个百分点。从目前在校生看，每十万人中普通本专科学生人数高于全国平均水平，说明其高等教育在全国比较领先。现有普通高校 253 所，占全国 10.16%，为人力资本转化奠定了良好的基础。科研院所技术开发中心也较多，其中研究与开发机构 451 个，占我国同类机构的 12.35%。以中心城市为依托，一批国家重点理工科大学（哈尔滨工业大学、吉林大学等）、重点研究所、实验室集中分布，辽宁在金属、机械、石油、化工、农林土壤、新型材料等方面具有优势，吉林在基础化学、量子化学、运输机械、光电子技术等方面的研究领先，黑龙江则在石化、有色金属、农林、生物工程等技术应用方面有较好基础。高校、科研机构、国企中拥有一支具有较高水平、丰富经验的人才队伍，是东北地区的宝贵资源。国有企事业单位专业技术人员共 210.8 万人，占全国 6.97%，其中以教学人员、卫生技术人员、工程技术人员居多。总之，人力资本存量相对充足，科教基础条件在全国表现出特有的实力，成为人才培养、技术创新、经济转型的重要支撑。2003—2013 年三省相继出台鼓励创新发展的政策 140 余项，大力促进高新技术产业发展、改善人才发展环境和区域创新环境。现已建成 40 余个高技术产业和科技创新发展基地，包括辽宁本溪生物医药特色产业基地、吉林光电子产业基地、黑龙江国家级火炬计划特色产业基地和国家大学科技园。

五是棚户区改造等重大民生工程全面实施。2005 年，棚户区改造工程率先在抚顺、阜新两个资源枯竭城市启动。近年来，发端于东北的棚户区改造全面推进，各级政府已累计投入 1 700 多亿元，改造各类棚户区面积超过 2.9 亿平方米，共计 460 万户、1 460 万困难群众因此受益。教育、医疗、文化等社会事业加快发展，基本公共服务保障能力进一步增强。社会矛盾大大缓解，东北老工业基地已经从十年前不稳定因素集聚、群体性事件频发、社会治安形势严峻的地区转变成为和谐稳定的新东北。

六是资源枯竭城市突出问题有效缓解。2001 年,国务院将阜新确定为全国第一个资源枯竭型城市经济转型试点市。2005 年,国家确定了东北地区 5 个资源型城市作为经济转型试点城市,分别是阜新、伊春、辽源、白山、盘锦,国家加大力度支持资源枯竭城市发展接续替代产业,加快重大民生工程建设,修复生态环境[①]。近年来,东北地区资源枯竭城市转型的经验逐步推向全国。

七是生态环境和基础设施不断改善。东北地区累计造林 1 亿多亩(1 亩约等于 667 平方米),森林蓄积量达到 25.7 亿立方米,生态屏障作用进一步增强。松花江、辽河等重点流域水质明显好转,全部消灭劣Ⅴ类水体。单位地区生产总值能耗和主要污染物排放稳步下降,完成国家下达节能减排指标。基础设施条件明显改善,高速公路建成通车里程超过 1 万千米,铁路营业里程 1.53 万千米,新增 2 080 千米;运营机场超过 20 个,港口吞吐能力达到 10.9 亿吨。第一条高速铁路(哈大客运专线)建成投运,第一座核电站(红沿河核电站)首台机组并网发电。辽宁大伙房水库输水工程、吉林引嫩入白、黑龙江尼尔基水利枢纽等重大水利工程进展顺利。

此外,在东北地区先行试点的基础上,国家还积极支持全国老工业城市和城区老工业区加快调整改造,支持全国资源型城市和独立工矿区加快转型发展[②]。

第四节 2003—2013 年东北地区主要经济指标变动及分析

东北振兴战略实施十年多来,东北地区经济增长速度较快,经济总量不断扩大,2013 年东北三省 GDP 总量较 2003 年翻了两番,基本与我国平均增速同步,比 20 世纪 90 年代相对全国的差距逐渐缩小;其中,吉林和辽宁速度更快于

① 宋晓梧.大力促进我国资源型城市可持续发展[J].北方经济,2006(7):10-12.

② 魏后凯.中国区域政策——评价与展望[M].北京:经济管理出版社,2011.

黑龙江 3~4 个百分点。人均 GDP 也翻了两番多。

表 2.2　四大区域板块 2003—2013 年地区生产总值变动情况

		全　国	东北地区	东部地区	中部地区	西部地区
2013 年	绝对量(亿元)	568 845	54 442	322 259	127 306	126 003
	占全国比重(%)	/	8.64	51.15	20.21	20.00
	增长率(%)	7.7	8.4	9.1	9.7	10.7
2012 年	绝对量(亿元)	518 942	50 477	295 892	116 278	113 905
	占全国比重(%)	/	8.76	51.32	20.17	19.76
	增长率(%)	7.7	10.2	9.3	10.9	12.4
2011年	绝对量(亿元)	473 104	45 378	271 355	104 474	100 235
	占全国比重(%)	/	8.70	52.04	20.04	19.22
	增长率(%)	9.3	12.6	10.5	12.8	14.0
2010年	绝对量(亿元)	401 513	37 493	232 031	86 109	81 408
	占全国比重(%)	/	8.58	53.09	19.70	18.63
	增长率(%)	10.4	13.7	12.4	13.9	14.2
2009年	绝对量(亿元)	340 903	31 078	196 674	70 578	66 973
	占全国比重(%)	/	8.51	53.84	19.32	18.33
	增长率(%)	9.2	12.7	10.9	11.8	13.5
2008年	绝对量(亿元)	314 045	28 196	177 580	63 188	58 257
	占全国比重(%)	/	8.62	54.27	19.31	17.80
	增长率(%)	9.6	13.4	11.1	12.2	12.4
2007年	绝对量(亿元)	265 810	23 373	152 346	52 041	47 864
	占全国比重(%)	/	8.48	55.27	18.88	17.37
	增长率(%)	14.2	14.1	14.4	14.3	14.6

续表

		全　国	东北地区	东部地区	中部地区	西部地区
2006年	绝对量(亿元)	216 314	19 715	128 593	43 218	39 527
	占全国比重(%)	/	8.53	55.66	18.70	17.11
	增长率(%)	12.7	13.5	14.2	13.1	13.2
2005年	绝对量(亿元)	184 937	17 141	109 925	37 230	33 493
	占全国比重(%)	/	8.67	55.58	18.82	16.93
	增长率(%)	11.3	12.0	13.5	12.7	13.1
2004年	绝对量(亿元)	159 878	14 545	92 823	31 616	28 603
	占全国比重(%)	/	8.68	55.39	18.87	17.07
	增长率(%)	10.1	12.3	14.4	13.0	12.9
2003年	绝对量(亿元)	135 823	12 722	76 965	25 871	23 696
	占全国比重(%)	/	9.14	55.27	18.58	17.02
	增长率(%)	10.0	10.8	13.4	10.8	11.5

数据来源:国家发展改革委振兴司编《东北振兴主要统计指标》。

从固定资产形成看,投资对经济的拉动作用明显,实施东北振兴战略以来,东北地区全社会固定资产投资保持较快增长的态势,2013 年,全社会固定资产投资 46 540 亿元,是 2003 年的 11 倍,年均增长速度为 27.16%,远超过 GDP 的增长速度;占全国比重由 2003 年的 7.71%升为 2013 年的 10.56%,属于投资相对集中的区域。特别是 2005—2012 年东北三省固定资本形成额由 7 870.8 亿元提高至 32 108.7 亿元,年均增速为 22.24%,较全国平均水平高 2.24 个百分点,比东部地区高 5.53 个百分点。

表 2.3　四大区域板块 2003—2013 年固定资产投资增速

		全　国	东北地区	东部地区	中部地区	西部地区
2013 年	绝对量(亿元)	446 294	46 540	179 098	105 740	109 261
	占全国比重(%)	/	10.56	40.64	24.00	24.80
	增长率(%)	19.1	13.4	17.9	22.1	22.8
2012 年	绝对量(亿元)	374 695	41 043	151 922	86 615	89 009
	占全国比重(%)	/	11.14	41.22	23.50	24.15
	增长率(%)	20.3	25.7	16.6	22.3	23.4
2011 年	绝对量(亿元)	311 485	32 643	130 263	70 824	72 104
	占全国比重(%)	/	10.67	42.59	23.16	23.58
	增长率(%)	23.8	6.2	12.4	12.6	16.5
2010 年	绝对量(亿元)	251 684	30 726	115 854	62 891	61 892
	占全国比重(%)	/	11.32	42.69	23.18	22.81
	增长率(%)	12.1	29.5	21.3	26.2	24.6
2009 年	绝对量(亿元)	224 599	23 733	95 548	49 852	49 686
	占全国比重(%)	/	10.85	43.67	22.78	22.71
	增长率(%)	30.0	26.8	22.9	35.9	38.2
2008 年	绝对量(亿元)	172 828	18 714	77 735	36 695	35 949
	占全国比重(%)	/	11.07	45.97	21.70	21.26
	增长率(%)	25.9	34.4	19.8	32.3	27.2
2007 年	绝对量(亿元)	137 324	13 920	64 876	27 746	28 251
	占全国比重(%)	/	10.33	48.13	20.58	20.96
	增长率(%)	24.8	32.3	18.7	32.8	28.4
2006 年	绝对量(亿元)	109 998	10 520	54 637	20 897	21 997
	占全国比重(%)	/	9.74	50.57	19.34	20.36
	增长率(%)	23.9	37.0	19.7	29.4	24.7
2005 年	绝对量(亿元)	88 774	7 679	45 626	16 146	17 645
	占全国比重(%)	/	8.82	52.39	18.54	20.26
	增长率(%)	26.0	37.6	21.9	28.9	28.3

续表

		全　国	东北地区	东部地区	中部地区	西部地区
2004 年	绝对量(亿元)	70 477	5 580	37 432	12 529	13 754
	占全国比重(%)	/	8.05	54.02	18.08	19.85
	增长率(%)	26.8	32.5	24.5	32.1	26.8
2003 年	绝对量(亿元)	55 567	4 212	30 064	9 486	10 844
	占全国比重(%)	/	7.71	55.06	17.37	19.86
	增长率(%)	27.7	20.8	33.2	27.2	27.3

数据来源:根据《中国统计年鉴》计算。

第五节　近年来东北振兴面临的新挑战

由于长期形成的深层次体制性、机制性、结构性矛盾,加上周期性因素和国际国内需求变化的影响,2014 年以来,东北地区经济下行压力加大。2015 年辽、吉、黑三省地区生产总值增速分别为 3.0%、6.5%、5.7%,2016 年三省增速分别为-2.5%、6.9%、6.1%,工业、财政、固定资产投资、进出口等主要指标增速也低于全国平均水平。

究其原因,一方面是我国经济发展进入新常态,“三期叠加”所造成的共性影响;另一方面还是东北地区自身特有的体制性、机制性和结构性问题。体制机制方面,思想观念不够解放,市场化程度不高,国有企业活力仍然不足,民营经济发展不充分,科技与经济发展融合不够,增长过度依靠投资拉动;产业结构方面,主导产业大多还是传统产业,偏资源型、传统型、重化工型的产业结构和产品结构不适应市场变化,新兴产业发展偏慢,服务业发展滞后,经济发展的惯性和路径依赖太强;社会民生方面,居民收入偏低,就业压力增大,养老保险缺口扩大,棚户区、城区老工业区、独立工矿区改造和采煤沉陷区治理亟待深入。在国际经济复苏疲软、国内经济运行承压、国内外市场需求不足等多重外部因素影响下，东北老工业基地内生问题凸显，体制性、机制性、结构性问题相互交织，改革与发展问题相互碰撞，长期与短期问题相互叠加，客观与主观问题相互影响，使得东北地区经济发展中问题的复杂程度和解决难度不断加剧。这里面有外部因素，也有内部因素，但应该看到，内因是关键。东北地区的资源禀赋、产业基础、科教基础、人才支撑、生态环境等都有明显的优势，但东北地区的短处也是明显的，特别是体制机制不活、产业结构比较单一、创新能力较弱、民生问题突出等问题，值得引起高度重视。

可以说，虽然过去十多年东北振兴取得了很大进展，但总体上仍是阶段性的。上一轮东北振兴使东北地区以重工业为主导的国有企业竞争力大为提升，产品供不应求，促进了东北地区经济增长。近年来，随着我国经济发展进入新常态以及对外开放水平进一步提升，传统产业的市场需求发生深刻变化，东北地区钢铁、煤炭、油气、化工、建材等行业面临较大过剩压力，同时发达国家和国内沿海发达地区装备制造等产业的竞争力不断增强，东北地区的偏资源型、偏传统型、偏重化工型的产业结构日益不适应市场的需要，再加上国企活力仍然不足，负担仍然较重、冗员仍然较多，民营经济发展滞后，产业结构不够合理，产业链条比较短等因素相互叠加，使得经济增长旧动力减弱和新动力不足的结构性矛盾凸显。结构性问题又反过来暴露了东北地区行政管理体制不活、国有企业活力不足等深层次体制性机制性问题，导致体制性、结构性问题互相交织，长期性、短期性问题互相叠加，历史性、现实性问题相互碰撞，使得东北地区当前发展的矛盾更加复杂①。可以说，结构问题暴露了体制机制问题，体制机制问题又反过来制约了结构向高端迈进，这些体制机制和结构问题影响了市场，市场需求不足影响了经济增速，经济增速放缓逐步传导民生，形成了一个相互影响和传导的链条。这些问题的核心是市场如何充分发挥决定性作用，政府如何既能充分放开又能有效引导的问题，是如何通过深化改革，促进经济结构、产业结

---

① 范恒山.推进新一轮东北振兴要处理好若干重大关系[J].中国经贸导刊，2016(14)：40-41.

构全面转型升级的问题,归根结底要靠深化改革来解决。

一、重点领域和关键环节改革还不到位

一是政府管理体制有待深入改革。政府还停留于管理思维中,习惯使用行政干预的手段,调控经济的主导性较强,对企业的服务意识不强。政府对国有企业的关注和干预过多,政企界限模糊。政府为了维持现有的利润及利益,规避风险,对具有优势的产业只进行局部调整,根本的体制问题不解决,难以使之释放应有的能量。有些行业过度竞争,则出现地方保护和垄断势力强行干预市场,导致区域间上下游企业各自为战,有碍产业集群的形成和发展,不仅大大提高了企业间的协调及重组成本,企业之间的合力无法形成,规模经济效应难以实现,而且分隔了市场,降低了资源配置的效率①。

二是供给侧结构性改革和新旧动能转换任务艰巨。钢铁、煤炭去产能分流安置人员难度大、渠道窄。长期占主导地位的资源能源、原材料、装备制造等产业不能适应市场需求变化,生产经营困难。新兴产业体量小、比重低,短期内难以弥补传统行业下滑造成的缺口。粮食库存量达到历史最高点。

三是国有企业改革有待进一步深化。在企业改制、建立现代企业法人治理结构、推进股份制改革等方面的改革还不到位,在分离企业办社会、离退休人员安置等方面遗留了大量问题,造成了东北国有企业包袱依然沉重,机制不活。国企改革的滞后,相应挤压了民营经济的发展空间。东北民营企业中生活性企业多,生产性企业少;粗加工企业多,科技创新型企业少;从事低端产品生产的多,从事高端产品生产的少;中小型企业多,行业龙头领军企业少。2015 年全国工商联民营企业排名 500 强,东北入选的只有 10 家。厂办大集体改革进展缓慢。地方总体处于观望状态,进展不大,仅有部分城市开展了试点工作,主要原因是地方政府认为改革资金缺口大,社会保险问题难以解决,地方负担太重,且

① 关扬,庞雅莉.东北老工业基地地方政府职能转变[J].社会科学家,2013,198(10):79-81.

容易引发不稳定因素和新的攀比。

四是经济社会领域风险不断积聚。政府性债务余额高，养老保险基金缺口不断扩大。养老保险缺口风险不断积聚，黑龙江省2016年养老保险收支刚性缺口达270.6亿元，辽宁省、吉林省预计分别到2018年和2020年将出现养老保险刚性收支缺口。

二、产业结构问题仍然较为突出

一是工业领域重工业比重偏高。2013年，辽、吉、黑三省重工业增加值占工业比重仍在65%以上，能源资源、原材料、装备制造等产业占主导地位，而这些产业具有很强的周期性，大概每十年就会出现一个发展轮回，现在这些"原字号"产业大多处于产业发展周期的低谷期[①]。2013年，辽宁省冶金、石化、农产品加工三大产业增加值占全省54%，吉林省一汽集团一家企业占全省工业增加值19%，黑龙江省能源、石化、装备制造三大产业增加值占全省72%，而电子及通信设备制造业占比不到1%，金融业占比不到4%[②]。

二是新兴产业和服务业发展明显滞后。过去十年，东北地区产业投资主要集中在传统产业改造提升和扩大规模上，新兴产业和服务业发展滞后。2013年东北三省服务业增加值占生产总值的38.7%，比全国平均水平低7.4个百分点，且近年来有与全国差距拉大的趋势。在服务业内部，餐饮、住宿、交通运输等传统服务业比重偏高，生产性服务业发展缓慢，金融服务业保障实体经济发展功能欠缺。电子信息等一些战略性新兴产业发育不足、规模较小。国有林区、垦区产业结构单一，接续替代产业发展严重滞后。

三是产业链不全。从产业组织看，专业化分工程度较低，东北地区的优势产业呈现"大而全，小而全"的格局，大企业大而不强，对地区经济的发展带动作

---

① 张志元，郑吉友，岳文飞.东北地区制造业发展模式的现行特征及转型路径[J].湖北经济学院学报，2013，11(5)：57-61.

② 杨扬，李采薇.东北老工业基地产业集群竞争态势及对策分析[J].当代经济，2013(7)：76-77.

用不大;小企业小而不专,协作能力薄弱,导致厂房、设备利用率低,维护和生产成本高。产业同构、同质化和无序竞争现象严重,造成边际效益递减的趋势,浪费了大量资源,降低了产业竞争优势。产业间的关联度低,缺乏区域内分工协作,在整机制造、组装、部件制造和检测方面没有形成健全的产业链条,未形成优势产业集群。资源密集型产业多处于产业链上游,而零部件、元器件等中游配套产业跟不上,下游产业不发达,上下游产业链断裂。产品以初级产品居多,深加工、精加工产品较少,产品附加值低,通用、中低档装备产品生产能力过剩,最终产品比东部沿海地区少很多,造成大量价值流失。

三、创新能力不强

一是创新驱动发展的理念有待进一步深化。东北经济发展仍然主要依赖要素投入,靠投资拉动地方发展。东北地区生产的产品大多数集中在产业链的中上游,面向生产者的产品多,面向消费者的产品少。科教投入不足,东北地区这些年来对教育和科教的投入增加速度偏慢,从财政对教育和科技的投入看,2014 年占全国各省市区合计之比下降到 7.57%,特别是吉林和黑龙江的科技财政投入明显不足,与名列前茅的省区有较大差距;研究与试验发展(R&D)经费投入由 143.45 亿元增加到 730.4 亿元,但占全国各省市区合计之比却由 9. 32%下降到 6.17%,2014 年 R&D 经费支出占 GDP 比重 1.34%,低于全国平均水平。东北地区教育经费来源单一,主要依赖国家财政性投入,由于经费有限,其他办学资金来源弱化,不能满足地区教育发展的需求。科教投入相对不足对东北地区人力资本的形成、质量的提升,对地区科技创新能力等都将产生一定限制,影响科教事业持续健康发展,将逐步拉大与经济发达地区的差距。

二是科技成果转化能力弱。东北地区布局了大量的科研院所和高等院校,科教实力很强,大型国有企业中也拥有一大批科研人才队伍,在过去十多年振兴中为经济发展提质增效发挥了重要作用。但是,这些科研队伍大多服务于政府和大型国有企业,成果转化率偏低。人才政策落实不到位或落后于东南沿海地区，导致人才流失严重，“墙内开花墙外香”。东北三省高技术产业规模占比、企业数量占比、主营业务收入占比、利润总额占比等数据均低于全国平均水平，不少产品技术水平属于中低端，附加值还不高，产品仿制的多、原创开发的少，一些关键零部件还受制于人，主要依赖进口，导致产业和产品发展引领能力较弱。

三是部分地区人才外流。东北地区人力资本存量增加速度趋缓，2014 年三省普通本专科在校学生占全国比重较 2003 年下降近 2 个百分点，以往的相对优势有所弱化。接受高等教育的学生未来将是提高人力资本存量和质量的中坚力量，是科技进步与创新的后备军，而目前东北地区教育发展不充分，人力资本实力不断下降。改革开放以来，东南沿海地区经济快速发展，人才引进机制灵活，反之东北老工业基地经济不景气，研发条件、收入水平较差，人才政策不落实，没有建立差别化激励机制，缺乏公平的用人环境，使大批专业技术人才、大学毕业生等纷纷南迁，人才外流现象严重，这也是东北地区人力资本存量减少、人力资本质量降低的重要原因之一。国有企事业单位专业技术人员没有增加而是减少，由 2003 年的 258.27 万人减少到 2014 年的 210.8 万人。人才结构也存在问题，专业人才多集中于传统领域，而 IT、生物工程、新材料、新能源、先进装备制造等新兴产业领域的人才远不能满足需求，多沉淀于政府和大型国有企事业单位，而真正适应市场经济与产业结构调整大势的新型开拓性人才不足，高素质、高技能人才相当短缺，急需企业家、国际化人才、拔尖的技术人才、熟练的技术工人等。人才的流失已经影响东北地区的教育质量、科技研发、成果转化等，影响经济增长水平，并将继续对未来区域发展产生不利影响，人力资本问题的解决刻不容缓。

四、城镇化质量不高

一是城市基础设施建设滞后。老工业基地的“老”一方面体现在产业的“老”，另一方面体现在城市的“老”。由于建市时间早，城市公共基础设施历史欠账多，改造和更新面临较大困难。很多城市基础设施建于“一五”“二五”时期甚至更早，有些城市排水管线和供热设施还是日伪时期修建，不少城市城区供水管网已使用超过 50 年，腐蚀严重，供水漏失率超过 50%。东北地处高寒地区，采暖设施老化，“跑冒滴漏”严重，既浪费能源，也是重大民生问题。在反映城市市政基础设施水平的 14 项指标中，除人口密度外，东北三省用水普及率、燃气普及率、建成区供水排水管道密度、人均道路面积、城市污水处理率等 13 项指标全部低于全国平均水平。

表 2.4　2014 年东北三省省会城市市政设施与全国平均水平对比

	人均道路面积（平方米）	排水管道密度（千米/平方千米）	人均日用水量（升）	人均公园绿地面积（平方米）	建成区绿地覆盖率（%）	万人拥有公共汽车（辆）
全国城市合计	12.37	10.46	111.89	10.85	41.44	10.01
辽宁	12.21	7.57	80.18	11.60	42.07	9.87
吉林	12.79	7.64	61.50	11.03	32.66	9.45
黑龙江	11.68	5.37	68.27	10.14	37.95	9.4

资料来源：国家发展改革委振兴司编《东北振兴主要统计指标（2015 年）》。

二是棚户区改造剩余任务依然艰巨。东北的棚改起步最早，但目前任务依然艰巨，2013—2017 年全国 1 000 万户棚改计划中，东北有 298 万户，占全国的近 30%。与当初相比，现在剩下的大都是难啃的“硬骨头”，土地置换收益低、市场化运作困难，特别是林区、垦区棚户区，改造难度更大。一些已实施的棚户区改造项目则存在公共基础设施滞后、贫困人口集中居住、就业机会少等问题，未来可能出现新的刚性封闭空间，带来新隐患。

三是资源枯竭城市和独立工矿区转型发展仍然面临一些突出问题。资源枯竭城市接续替代产业发展仍处于起步阶段，缺乏骨干项目支撑，要素集聚能力较弱。矿山地质灾害隐患多，生态环境治理任务繁重。基础设施建设滞后，支撑保障能力不足。独立工矿区大多数依矿山、沟谷分散建设，城镇功能布局严重受限，公共服务能力严重不足，自然灾害、地质灾害易发多发。

四是城市内部二元结构突出。东北地区城镇化水平一直较高，2014 年三省城镇化率 60.83%，高于全国平均水平 6.06 个百分点，但许多城镇是随着资源开发而兴起的，矿区、林区、垦区、油田等城镇人口中包含了大量吃商品粮的农垦林业系统人口。由于城镇化与工业化没有良性互动和协同发展，产城割裂，大部分职工集中居住在厂区，城市的综合服务功能和基本公共服务体系缺乏，出现明显的城市内部二元结构。一些城市新城区与旧城区、中心区与边缘区在基本公共服务、基础设施等方面存在巨大差异，老旧工业区成为城市"锈斑"，制约城市布局优化。许多厂区与居民区的间距已突破安全生产标准，安全隐患极大。产业层次低，企业改革转型难度大。绝大多数是传统企业，装备水平普遍落后，"两高一低"产品较多，一些企业处于停产半停产状态，土地闲置问题突出。许多市政设施仍由企业运营，道路破损，与区外道路衔接不畅，水电气暖管网老化严重，"三废"排放严重超标。区内居民大多数是企业职工及家属，退休和失业人员多，收入水平低，居住条件差，民生问题突出，社会矛盾集中，成为城市内部"二元结构"的典型区域。

五、区域发展分化较大

分省份看，辽宁省增速仍然偏低，经济形势依然严峻。吉林省和内蒙古自治区经济增速已高于全国平均水平，但内生动力和可持续发展能力还有待提升。黑龙江省经济增速接近全国平均水平。分城市看，中心城市经济有望率先企稳回升，2017 年，除沈阳以外，大连、长春、哈尔滨 3 市 2017 年地区生产总值增速分别为 7.1%、8.0% 和 6.7%，均高于各省平均水平；与部分资源枯竭、传统产业比重大和结构单一城市发展形成了较为鲜明的对比。东北 4 个中心城市经济总量占东北三省近一半，辽中南 10 个城市加上长春、哈尔滨共 12 个主要城市区域所占经济比重可达 66.25%，而东北东部、辽西、吉林西部、黑龙江北部、蒙东等地，在发展速度与发展质量等方面与哈大轴带都存在较大差距，且逐步加大[①]。

同时，东北地区“政府强、市场弱”问题突出，大家遇到问题“找市长的多，找市场的少”，大政府、小社会的现象仍然存在。市场竞争意识比较淡薄，民营经济基础相对薄弱，在解决一些企业面临的问题时习惯于发文件、检查管制，使用经济、市场、法律和政策手段管理经济方面相对不足。投资营商环境仍待改善，融资难、融资贵问题仍然较为普遍，电力等要素价格长期偏高，企业生产经营成本偏高。

---

① 孙平军，修春亮，董超.东北地区经济空间极化及其驱动因子的定量研究[J].人文地理，2013，28(1)：87-93.

思路篇

1978—2018

第三章

3

谋进：新一轮东北振兴战略的开启

第一节　新一轮东北振兴战略的提出背景

党的十八大以来，习近平总书记多次到东北地区调研，召开专题会议，就东北振兴工作发表系列重要讲话，作出系列重要批示指示，对新时期东北振兴工作提出了一系列新的战略判断，作出了新的重大部署，提出了“四个着力”的明确要求，明确要求像抓“三大战略”一样，持续用力，抓好新一轮东北地区等老工业基地振兴战略的实施。2016 年 2 月，党中央、国务院印发《中共中央 国务院关于全面振兴东北地区等老工业基地的若干意见》，标志着新一轮东北振兴战略正式启动实施，也标志着东北振兴进入了全面振兴的新阶段。

新一轮东北振兴战略是从根本上解决东北面临的深层次矛盾和问题，奠定东北长远发展基础的客观要求。习近平总书记深刻指出，东北振兴现在面临的问题仍然是体制机制问题和结构性问题，但问题的内涵和十年前启动东北振兴战略时已有很大不同。新一轮东北振兴战略就是要解决东北地区对经济发展新常态的不适应问题，解决东北地区面临的深层次体制性、机制性、结构性问题，促进东北老工业基地提升发展活力、内生动力和整体竞争力，为长远发展奠定良好的基础。

新一轮东北振兴战略是缓解东北当前经济下行压力，促进东北在经济发展新常态下经济平稳健康发展的迫切需要。近两年来，在周期性和结构性因素的影响下，东北地区经济下行压力持续增大，部分行业和企业生产经营困难，民生问题日益突出。这些困难和问题如果不尽快加以解决，不仅会影响东北的就业和民生，而且会危及东北振兴事业的根基。在这种情况下，启动实施新一轮东北振兴战略，解决对经济发展新常态的不适应问题，尽快扭转经济增速下滑势头，对于东北经济社会持续健康发展和全国区域协调发展，十分重要而且十分紧迫。

新一轮东北振兴战略是促进东北在全国区域发展中担当更重要的使命的

必然选择。东北地区能源资源、环境承载、产业基础、科教人才等支撑能力较强，虽然近期发展出现了一些困难，但东北制造业基础好，装备制造业、原材料产业和国防科工产业在全国具有特殊的战略地位。推进新一轮东北振兴，有利于推进经济结构战略性调整、提高我国产业国际竞争力，有利于促进区域协调发展、打造新的经济支撑带，有利于优化调整国有资产布局、更好地发挥国有经济主导作用，有利于完善我国对外开放战略布局、适应引领东北亚地区开放合作新形势，有利于维护国家粮食安全、打造北方生态安全屏障。加快东北全面振兴，对优化我国区域发展格局，在全国区域发展中发挥示范带动作用意义重大。

第二节　新一轮东北振兴的重要政策文件

按照党中央、国务院关于新一轮东北振兴的战略部署，近几年，国家出台了一系列重大政策文件支持东北地区振兴发展。

一是2016年2月出台《中共中央 国务院关于全面振兴东北地区等老工业基地的若干意见》（中发〔2016〕7号）。中发7号文件是继2003年《中共中央国务院关于实施东北地区等老工业基地振兴战略的若干意见》出台实施后，党中央、国务院在新的历史条件和时代背景下对东北地区等老工业基地振兴战略的丰富、深化和发展，是新一轮东北振兴战略的顶层设计。7号文件围绕“四个着力”的重点任务，明确了未来十年老工业基地振兴的总体目标、战略定位、主要任务和配套措施，对东北地区明确了“五基地、一支撑带”的发展定位（即成为全国重要的经济支撑带，具有国际竞争力的先进装备制造业基地和重大技术装备战略基地，国家新型原材料基地、现代农业生产基地和重要技术创新与研发基地）。

二是2014年8月出台《国务院关于近期支持东北振兴若干重大政策举措的意见》（国发〔2014〕28号）。28号文件按照立足当前、着眼长远、分类施策的原则，提出了一批近期可操作可实施的政策举措，提出了76项东北振兴近期重点任务和139个配套重点项目。

三是2016年11月出台《国务院关于深入推进实施新一轮东北振兴战略 加快推动东北地区经济企稳向好若干重要举措的意见》(国发〔2016〕62号)。62号文件定位为党中央、国务院关于新一轮东北振兴的决策部署的细化、实化和具体化,是中发7号文件在支持东北振兴政策举措的具体化,也是28号文件的承继。

四是出台了一批配套政策文件。国家有关部门相继印发了《东北振兴"十三五"规划》《推进东北地区等老工业基地振兴三年滚动实施方案》等专门支持东北振兴的具体政策举措。围绕支持东北地区民营经济发展、创新驱动东北老工业基地振兴发展、沈阳全面创新改革试验、支持老工业城市和资源型城市产业转型升级、建设产业转型升级示范区、东北地区玉米收储新机制、开展东北地区与东部地区对口合作、推动老工业基地职业教育"双元制"改革、加快城区老工业区和独立工矿区改造、推进采煤沉陷区治理等方面出台了一批配套政策措施,启动建设大连金普新区、长春新区、哈尔滨新区和中德(沈阳)高端装备制造产业园等重大开发开放平台。

第三节　新一轮东北振兴的重大意义

东北地区等老工业基地是新中国工业的摇篮和我国重要的工业与农业基地,人口、资源、产业、人才、基础设施、区位等支撑能力都很强,发展空间和潜力巨大。在新的历史时期推进东北地区实现全面振兴,无论从东北地区自身来看,还是从全国发展大局来看,都具有十分重要的意义。

一是有利于推进我国经济结构战略性调整、提高我国产业国际竞争力。东北地区在装备制造、原材料、国防军工等领域拥有一批关系国民经济命脉和国家安全的战略性产业,代表了相关领域制造业的最高水平。目前,东北地区发电设备产量占全国的1/3,数控机床产值占全国的1/3,高速动车组产量占全国的 1/3。推进新一轮东北振兴,能为我国产业迈向中高端水平提供重要基础和动力,为加快建设制造强国发挥引擎作用。

二是有利于促进区域协调发展、打造新的经济支撑带。东北地区人口有 1.1 亿多,面积占全国的 1/7,沿边沿海优势明显,区位条件优越,发展空间和潜力巨大,沿哈大轴线已初步形成了大中小城市集聚发展的城市群。推进新一轮东北振兴,有助于培育全国新的重要增长极和经济支撑带,为全国经济发展拓展新的空间。

三是有利于优化调整国有资产布局、更好地发挥国有经济主导作用。东北地区国有资产存量大,发展基础较好,且多分布于重要行业,长春一汽集团、齐齐哈尔一重集团,沈阳机床集团(新中国第一个机床制造厂)、沈阳飞机工业公司(第一个飞机制造基地)、鞍山钢铁集团(第一个大型钢铁工业基地)、大庆油田(第一个大型石油开采基地)等,这些带“一”字头的大型工业企业,至今在国民经济发展中仍发挥着重要作用。推进新一轮东北振兴,全面深化国资国企改革,做大做强国有企业,有助于增强国有企业内在活力、市场竞争力、发展引领力,使国有企业真正成为东北振兴的重要支撑力量,同时为全国深化国资国企改革作出探索。

四是有利于完善我国对外开放总体布局。东北地区地处东北亚区域的中心地带,与俄、蒙、朝交界,与日、韩隔海相望,大连港、营口港、锦州港是我国北方重要港口,丹东、珲春、绥芬河、满洲里、二连浩特是我国沿边开放的重要口岸,推进新一轮东北振兴,把东北地区建成我国面向东北亚开放的重要枢纽和推进“一带一路”建设的重要支撑,将会进一步优化我国对外开放总体布局,促进我国开放南北均衡发展、沿海沿边齐头并进,同时也有助于发挥我国在深化东北亚区域合作中的建设引领作用。

五是有利于维护国家粮食安全、打造北方生态安全屏障。东北地区是全国粮食生产的“稳压器”,也是国家农业现代化的战略基地。近年来,辽、吉、黑三省粮食产量占全国的 20%左右,商品粮占全国的 40%左右,粮食外调量占全国的60%左右。同时东北地区生态地位重要，大小兴安岭、长白山等森林，呼伦贝尔等草原，三江平原等湿地，以及黑龙江、松花江、乌苏里江、鸭绿江、辽河等江河和兴凯湖、呼伦湖等湖泊对维系北方生态安全至关重要。推进新一轮东北振兴，将会进一步巩固提升东北地区作为我国"大粮仓"和生态安全屏障的战略地位。

第四节　新一轮东北振兴的总体思路

中发〔2016〕7号文件明确提出了新一轮东北振兴的总体要求、战略定位、主要任务、工作重点和政策措施。强调新一轮东北振兴，要按照党中央、国务院决策部署，牢固树立并切实贯彻创新、协调、绿色、开放、共享的发展理念，适应和把握我国经济进入新常态的趋势性特征，坚持稳中求进工作总基调，以提高经济发展质量和效益为中心，保持战略定力，增强发展自信，坚持变中求新、变中求进、变中突破，着力完善体制机制，着力推进结构调整，着力鼓励创新创业，着力保障和改善民生，加大供给侧结构性改革力度，解决突出矛盾和问题，不断提升东北老工业基地的发展活力、内生动力和整体竞争力，努力走出一条质量更高、效益更好、结构更优、优势充分释放的发展新路，为实现"两个一百年"奋斗目标作出更大贡献。这些要求可以从以下几个方面来认识：

一是立足新阶段解决新问题。东北振兴现在面临的问题仍然是体制机制问题和结构性问题，但问题的内涵和十年前启动东北振兴战略时已有很大不同，现在遇到的问题更多的是转型和发展中的问题，是"爬坡过坎、滚石上山"过程中的问题。根据新的形势，7号文件强调要把提高经济发展质量和效益，加大供给侧结构性改革力度放在核心位置，这既体现了东北地区的特点和当前面临的突出问题，也是经济发展新常态下东北振兴的客观要求。以提高经济发展质量和效益为中心，意味着发展要更加全面，不唯速度论速度，不唯投资论投资，而是要着力推进供给侧结构性改革，提高全要素生产率，提高投资回报率，使企业利润和财政收入稳定增长，劳动报酬和居民收入持续改善，在注重质量和效益前提下保持经济中高速增长，努力实现有质量有效益可持续的增长。

二是围绕新定位谋划新目标。按照党中央、国务院对东北振兴的总体定位，7 号文件在深入分析国内外经济形势，进一步分析东北区情的基础上，对东北全面振兴的目标提出了明确要求。第一阶段，到 2020 年，东北地区与全国同步实现全面建成小康社会目标，在重点领域和关键环节改革上取得重大成果，转变经济发展方式取得重大进展；第二阶段，在此基础上，争取再用 10 年左右时间，也就是到 2030 年，东北地区实现全面振兴，走进全国现代化建设前列，成为全国重要的经济支撑带，具有国际竞争力的先进装备制造业基地和重大技术装备战略基地，国家新型原材料基地、现代农业生产基地和重要技术创新与研发基地。这一要求与党的十九大提出的宏伟目标相呼应，不仅要求东北地区加快实现第一个百年奋斗目标，全面建成小康社会，而且要乘势而上开启全面建设社会主义现代化新征程，向第二个百年奋斗目标进军。

三是落实新发展理念探索新路径。党的十八大以来，以习近平同志为核心的党中央科学分析国内外经济发展形势，准确把握我国基本国情，提出了创新、协调、绿色、开放、共享的新发展理念。新一轮东北振兴要适应和把握新时代的新要求，贯彻落实发展新理念，紧紧围绕完善体制机制、推进结构调整、鼓励创新创业、保障和改善民生四大核心任务，攻坚克难，善作善为，破解发展难题，增强发展动力，厚植发展优势，努力实现体制再造、结构优化、动力转换、成果共享，走出一条质量更高、效益更好、结构更优、优势充分释放的发展新路。

四是结合新要求明确新任务。按照党中央的要求，7 号文件提出新一轮东北振兴要重点在“四个着力”上下功夫，这既是新一轮东北振兴的重点任务，也是当前和今后一个时期对东北振兴发展的核心要求。着力完善体制机制，深化改革开放是全面振兴老工业基地的治本之策；着力推进结构调整，增强产业竞争力是全面振兴老工业基地的关键之举；着力鼓励创新创业，提升创新引领支撑能力是全面振兴老工业基地的决胜之要；着力保障和改善民生，使人民有更多获得感是全面振兴老工业基地的稳定之基。

五是针对新形势出台新政策。东北振兴有特殊的地位，当前也存在特殊的困难，7 号文件按照问题导向和目标导向，从体制机制改革、产业结构调整、鼓励创新创业、保障和改善民生、支持城市转型、建设生态文明、加强基础设施建设等多个方面提出了一批重大政策、重大工程和重大项目。各有关部门也根据 7 号文件进一步出台了一系列有针对性、可操作的配套政策、措施、方案。

第五节　新一轮东北振兴的重点任务

做好新一轮东北振兴各项工作，一定要深入贯彻落实习近平新时代中国特色社会主义思想，按照中发 7 号文件的有关要求，加快解决东北地区面临的深层次体制性、机制性、结构性问题，重点在“四个着力”上下功夫①。

一、着力完善体制机制，深化改革开放是全面振兴老工业基地的治本之策

要按照要求，对转变政府职能、国资国企改革、民营经济发展、厂办大集体改革、国有林区垦区改革、城市基础设施改造、重大工程融资改革等重点专项改革，要多出实招，抓好落实，加快形成同市场更紧密对接、充满内在活力的新体制和新机制，激发整个区域的发展活力。要主动融入积极参与“一带一路”建设，对接京津冀协同发展，构建区域合作新格局。

一是要加快转变政府职能。进一步理顺政府和市场关系，推动简政放权、放管结合、优化服务，制定实施好权力清单、责任清单、负面清单等“三个清单”，着力解决政府直接配置资源、管得过多过细以及职能错位、越位、缺位、不到位等问题。

---

① 王一鸣.新一轮东北振兴的时代背景和总体思路[J].中国经贸导刊,2016(10):49-50.

二是要深化国有企业改革，支持东北在全面深化国企改革方面先行先试，进一步完善国有企业治理模式和经营机制，真正确立企业市场主体地位，解决好历史遗留问题。

三是大力支持民营经济发展，创新对中小企业、对民营经济的管理方式，建立健全体制机制，支持民营经济做大做强，使民营企业成为推动发展、增强活力的重要力量。

四是要推进专项领域改革。多措并举，加快解决厂办大集体和分离企业办社会职能等历史遗留问题。统筹考虑改革成本，稳步推进国有林区、林场改革，加快构建政事企分开的国有林区管理体制。进一步推进农垦系统改革发展，理顺政企、社企关系。

五是主动融入积极参与“一带一路”建设。加强与周边国家基础设施互联互通，建设一批开发开放平台，促进区域贸易投资和人文合作，努力将东北地区打造成为我国向北开放的重要窗口和东北亚地区合作的中心枢纽。

六是对接京津冀等经济区，在创新合作、基础设施联通、产业转移承接、生态环境联合保护治理等重点领域加强合作，完善东北地区区域合作与协同发展机制，支持省（区）毗邻地区探索合作新模式，构建区域合作新格局。

二、着力推进结构调整，增强产业竞争力是全面振兴老工业基地的关键之举

要加快促进装备制造等优势产业提质增效，积极培育新产业新业态，大力发展以生产性服务业为重点的现代服务业，加快发展现代化大农业，不断提升交通、能源等基础设施水平，加快构建战略性新兴产业和传统制造业并驾齐驱、现代服务业和传统服务业相互促进、信息化和工业化深度融合的产业发展新格局。

一是要促进装备制造等优势产业提质增效。准确把握经济发展新常态下

东北地区产业转型升级的战略定位，提高制造业核心竞争力，再造产业竞争新优势，努力将东北地区打造成为实施“中国制造 2025”的先行区。重点是要做优做强先进装备制造业，推进东北装备“装备中国”、走向世界。同时，要积极稳妥化解产能过剩，坚决淘汰落后产能。

二是积极培育新产业新业态。把培育新兴产业放在更加重要的位置，大力促进产业多元化发展，尽快形成多点多业支撑的新格局。实施东北地区培育发展新兴产业行动计划，发展壮大高档数控机床、工业机器人及智能装备、燃气轮机、先进发动机、光电子、生物医药、新材料等一批有基础、有优势、有竞争力的新兴产业。积极支持产业结构单一地区（城市）加快转型。

三是大力发展以生产性服务业为重点的现代服务业。实施老工业基地“服务型制造”行动计划，引导和支持制造业企业从生产制造型向生产服务型转变。大力发展金融业、物流业，发挥资源优势，加快发展旅游业，把东北地区建成世界知名生态休闲旅游目的地。

四是加快发展现代化大农业。率先构建现代农业经营体系、生产体系、产业体系，着力提高农业生产规模化、集约化、专业化、标准化水平和可持续发展能力，使现代农业成为重要的产业支撑，为全国粮食安全提供坚强支撑。

五是不断提升基础设施水平。加快建设京沈高铁及其联络线，规划建设东北东部快速铁路和东北西部快速铁路，贯通东北地区快速铁路网络，提高人流物流的便捷性。实施东北地区低标准铁路扩能改造工程，加快打通省（区）间公路断头路、瓶颈路段，加大对东北高寒地区和交通末端干线公路建设支持力度。

三、着力鼓励创新创业，提升创新引领支撑能力是全面振兴老工业基地的决胜之要

要积极完善区域创新体系，促进科教机构与地方发展紧密结合，加大人才培养和智力引进力度，积极营造有利于创新的政策环境和制度环境，把创新作

为培育东北老工业基地内生发展动力的主要生成点，加快形成以创新为主要引领和支撑的经济体系和发展模式。

一是要完善区域创新体系。把鼓励支持创新放在更加突出的位置，激发调动全社会的创新激情，推动科技创新、产业创新、企业创新、市场创新、产品创新、业态创新、管理创新。积极营造有利于创新的政策和制度环境，研究制定合理的、差别化的激励政策，完善区域创新创业条件，全面持续推动大众创业、万众创新。

二是要促进科教机构与地方发展紧密结合。扶持东北地区科研院所和高校加快发展，支持布局建设国家重大科技基础设施，密切科研机构、高校与地方合作，创新合作模式。

三是加大人才培养和智力引进力度。充分发挥人才的作用，把引进人才、培养人才、留住人才、用好人才放在优先位置。完善人才激励机制，鼓励高校、科研院所和国有企业强化对科技、管理人才的激励。

四、着力保障和改善民生，使人民有更多获得感是全面振兴老工业基地的稳定之基

要坚持把保障和改善民生作为根本的出发点和落脚点，全力解决好人民群众关心的重大民生问题，保障民生链正常运转。要把握好发展和民生互相牵动、互为条件的关系，找准民生和发展的结合点，在保障民生的基础上，推进城市更新改造和城乡公共服务均等化，支持老工业城市转型和资源型城市可持续发展，全面实施城区老工业区、独立工矿区和棚户区改造，积极打造北方生态屏障和山青水绿的宜居家园，使发展成果更多更公平惠及全体人民①。

一是切实解决好社保就业等重点民生问题。加大民生建设资金投入，保障民生链正常运转，防止经济发展下行压力传导到民生领域。

---

① 宋晓梧.保障和改善民生是新一轮东北振兴的突出亮点[J].中国经贸导刊，2016(11)：46-47.

二是全面实施棚户区、独立工矿区改造等重大民生工程，争取在全国率先完成采煤沉陷区棚户区改造任务。加强矿区生态和地质环境整治，开展露天矿坑、矸石山、尾矿库等综合治理。

三是推进城市更新改造和城乡公共服务均等化。针对城市基础设施老旧问题，加大市政设施建设与更新改造力度，改善薄弱环节，优化城市功能，提高城市综合承载和辐射能力。做好空间规划顶层设计，培育形成东北地区城市群，促进大中小城市和小城镇协调发展。

四是促进资源型城市可持续发展。完善资源型城市可持续发展的长效机制，促进资源产业与非资源产业、城区与矿区、经济与社会协调发展。

五是打造北方生态屏障和山青水绿的宜居家园。牢固树立绿色发展理念，坚决摒弃损害甚至破坏生态环境的发展模式和做法，努力使东北地区天更蓝、山更绿、水更清，生态环境更美好。

“四个着力”相互联系、相辅相成、逻辑贯通，具有很强的针对性。立足于“四个着力”，客观上要求新一轮东北振兴由侧重企业和产业改造，转向全面推动经济转型、社会转型、产业转型、城市转型和生态转型，在领域上更加全面、更加深入。

第六节　新一轮东北振兴的新要求

新一轮东北振兴，涉及发展理念、发展方式的根本转变，是一项全面系统的工程，落实好新一轮东北振兴的新任务，核心是要按照党的十九大精神，全面贯彻习近平新时代中国特色社会主义思想，以全面深化改革为引领，推动东北地区经济全面回稳向好，加快老工业基地振兴和资源型地区经济转型发展步伐。

一是坚持标本兼治，完善体制机制。东北地区在全国各区域中进入计划经济最早，退出计划经济最晚，受计划经济影响很深，东北要全面振兴，创新体制机制是治本之策。新一轮东北振兴要将全面深化改革作为振兴各项工作的引领，要继续转变政府职能、深化简政放权、优化投资营商环境。要开展国有企业综合改革试点和混合所有制改革试点，加快解决国企改革历史遗留问题。要加快推进养老保险制度改革，争取率先在东北地区实行基本养老金中央调剂制度。要抓住机遇着力解决体制机制问题，营造良好的民营企业发展环境，促进东北地区加快形成同市场完全对接、充满内在活力的新体制和新机制①。

二是坚持重点突破，推进结构调整。要准确把握经济发展新常态下东北地区产业转型升级和新旧动能转换的战略定位，把提高制造业核心竞争力，再造产业竞争新优势作为主攻方向。既要用新技术加快改造传统产业，延伸产业链，推动传统行业在转型中培育新动能。同时，要把培育新兴产业放在更加重要的位置，发挥装备制造业的优势，加快建设现代制造业基地，集中资金和政策加快发展壮大工业机器人及智能装备、先进发动机、集成电路装备、轨道交通装备、电子信息、生物医药、新材料、新能源、新能源汽车等一批有基础、有优势、有竞争力的新兴产业②。要积极支持东北地区绿色发展，制定促进东北地区寒地冰雪经济发展的政策，培育发展智能制造、海洋经济、绿色有机食品和特色旅游业。

三是坚持创新驱动，鼓励创新创业。东北历史上布局了大量的科研院所和高等院校，科技创新的实力很强，人才人力资源雄厚。新一轮东北振兴，一定要充分发挥创新的支撑作用，要支持重点区域构建创新策源地，引导沈阳、大连、长春、哈尔滨等中心城市进一步加大对创新驱动和新动能培育的支持力度，支持科技成果转移转化，实施东北振兴重大创新工程，打造东北振兴创新引擎。要创新金融支持实体经济发展的有效途径，组建"东北振兴金融合作机制"。要积极营造有利于创新的政策环境和制度环境，把引进人才、培养人才、留住人才、用好人才放在优先位置，激发调动全社会的创新创业激情。

四是坚持以人为本，保障和改善民生。东北地区老工业城市和资源枯竭城

① 范恒山.坚定信心 迎难而上 奋力推进东北地区实现全面振兴[J].宏观经济管理，2016(8)：14-16.

② 周建平.精准施策 推动东北地区经济企稳向好[J].中国投资，2017(3)：47-49.

市分布集中,城市棚户区数量多,保障和改善民生任务繁重。新一轮东北振兴,必须全力解决好人民群众关心的教育、就业、收入、社保、医疗卫生、食品安全等问题,确保贫困人口如期脱贫,贫困县全部摘帽。把握好发展和民生互相牵动、互为条件的关系,找准民生和发展的结合点,实施好棚户区、城区老工业区、独立工矿区、采煤沉陷区改造等重大民生工程,支持老工业城市和资源型城市更新改造,培育形成新的经济增长点。要加快实施安全饮水、电网升级、道路建设等重大民生工程,加快建设京沈高铁,规划建设东北东部快速铁路和东北西部快速铁路,贯通东北快速铁路网络,提高人流物流的便捷性,使发展成果更多更公平惠及全体人民,让人民群众有更多获得感。

五是坚持引领带动,发挥平台试点的支撑作用。近年来,国家选择有条件、有代表性的地区组织开展了各类型的试点示范,建设了一批特色鲜明、示范性强的重大开发开放平台,发挥了重要的示范带动作用,有些已经发展成为国家重要的增长极。要支持东北地区的全面创新改革试验区域和国家自主创新示范区、国家级新区、产业转型升级示范区、国家双创示范基地、自由贸易试验区等平台率先深化改革,打造体制机制改革的先行区,吸引社会资本进入和重大项目建设,培育新的增长点,进而带动所依托城市的功能升级,并通过中心城市的发展带动城市群及更大区域的发展,形成“试点示范区域—中心城市—城市群—更大区域”的递推式区域发展模式,优化东北地区发展空间布局,以点带线、以线促面推动东北振兴。

六是坚持开放带动,实现内外联动发展。加快建立健全东北地区与东部地区对口合作机制。通过学习东部对接东部,积极将东部地区的新思想、新观念、新技术、新产业、新模式、新业态引入东北地区。以沈阳与北京、天津与长春对口合作为契机,支持东北地区与京津冀在创新和产业合作、旅游业发展、清洁能源供应方面开展对接。以黑龙江与广东、大连与上海、辽宁与江苏、吉林与浙江对口合作为契机,加强与长江经济带和珠江三角洲地区的深度合作。要积极参与“一带一路”建设,深化中俄地区合作,加快大连东北亚国际航运中心和中德

（沈阳）高端装备制造产业园建设。

第七节　新一轮东北振兴战略的“新意”

新一轮东北振兴，是在经济发展新常态下对东北振兴理念的创新，体现了习近平新时代中国特色社会主义思想的新要求，无论振兴的内在规律、外在表现还是振兴进程，都不同于西方国家的老工业区振兴，也与以往推进东北振兴不完全相同。这既符合事物发展螺旋式上升的运动规律，也充分体现了适应、把握、引领新常态的大逻辑①。新一轮东北振兴战略作为全面建成小康社会目标的组成部分，既从区域协调发展高度重点振兴东北地区，又从资源型城市可持续发展角度着眼全国老工业城市振兴；既强调工业振兴、城市振兴，又强调文化振兴、乡村振兴；既注重经济发展，又注重文化、社会、生态发展；既要加快全面振兴步伐，又要加快转变经济发展方式；既要推动结构调整，又要推动体制转型，新老矛盾交织，双重目标叠加，振兴的领域更宽、范围更广、任务更重，是具有全局战略意义的全面振兴。

可以说，新一轮东北振兴战略以解决东北地区长期积累的体制性、结构性矛盾为重点任务，以建设新型产业基地和形成重要增长区域、培育良性发展机制和塑造新的竞争优势为目标，以新型工业化、信息化、城镇化、农业现代化同步发展为基本途径，以党委领导、政府主导、社会参与、政策支持、人才支撑、要素保障为依托，依靠改革开放、结构优化、创新升级促进经济增长，通过民生优先、文化引领、生态保护推动全面发展，从而实现老工业基地全面振兴的发展道路。

第一，新一轮东北振兴是改革推动之路。消除制约经济发展的体制性弊端，建立完善有利于调整改造升级的新机制，是实现老工业基地全面振兴的关

① 杨荫凯，刘羽.东北地区全面振兴的新特点和推进策略[J].区域经济评论，2016(5)：85-93.

键和前提。坚持把改革精神始终贯彻到振兴工作的全过程和各方面,才能为老工业基地全面振兴注入不竭动力。

第二,新一轮东北振兴是增量带动之路。以增量带动结构优化,以新型工业化提升传统产业,是实现老工业基地全面振兴的重大任务。坚持从增量入手调整投资结构、产业结构和经济结构,优化增量、激活存量、提升质量,才能有效解决老工业基地的深层次结构性问题。

第三,新一轮东北振兴是创新驱动之路。提高科技创新能力,增强产业核心竞争力,是实现老工业基地全面振兴的战略支撑。强化企业创新主体,促进产学研深度结合,完善区域创新机制,才能推动老工业基地不断突破发展瓶颈,提升发展优势。

第四,新一轮东北振兴是开放牵动之路。不断扩大对外开放,大力发展开放型经济,是实现老工业基地全面振兴的重要途径。进一步加强对外经贸合作,提高利用外资水平,优化投资环境,才能加快构筑老工业基地全面开放新格局,以开放促振兴。

第五,新一轮东北振兴是惠民富民之路。人民对美好生活的向往就是努力的方向,切实保障和改善民生,提高人民生活水平,是实现老工业基地全面振兴的根本目的。只有从社保、就业、教育、医疗、住房等重点民生工程入手,解决好群众普遍关心的切身利益问题,才能让百姓感受到老工业基地振兴带来的好处。

第六,新一轮东北振兴是文化引领之路。工业文明和先进文化,是实现老工业基地全面振兴的精神动力。老工业基地深厚的工业文化,艰苦奋斗、甘于奉献、勇于担当的精神,信念的能量、大爱的胸怀和进取的锐气,始终激励老工业基地人民团结奋斗、再筑辉煌。

第七,新一轮东北振兴是生态改善之路。节约资源保护环境,是实现老工业基地全面振兴的重要内容。既要把生态建设突出出来,又要融入到振兴发展中去,追求绿色发展、循环发展,促进资源型城市转型,增强老工业基地可持续发展能力。

策略篇

1978—2018

第四章

4

攻坚：重点领域改革是必亮之剑

第一节　东北地区改革任务之重

东北振兴战略实施以来,东北地区以国有企业改革为重点的体制机制创新取得重要突破。但是,必须清醒地看到,东北地区体制性、机制性矛盾仍比较突出,制约东北振兴的制度障碍依然不少。政府职能转变仍滞后于经济社会的发展要求,国有企业改革仍有待深入推进、历史遗留问题较多,厂办大集体改革推进缓慢,民营经济发展环境亟须改善[①]。必须高度重视存在的问题,继续坚持深化改革,坚持体制机制创新。

一、以建立服务型政府为核心的行政管理体制改革尚需深化

振兴战略实施过程中,争取新的项目往往成为各级政府努力的目标。虽然新增项目对于促进东北地区经济发展具有积极的推动作用。但是经验表明,在投融资体制不健全、政府投资决策失误难以追究责任的情况下,政绩驱动的政府投资,很难避免盲目决策和重复建设。因此,政府主导型的投资方式必须转变,把立项和投资的权力还给企业,让企业在市场机制的驱动下自行决定投资并承担相应的风险和收益,政府则应将工作重点转移到保持宏观经济平稳运行、创造良好经济发展环境上,强化为民理念,简化办事程序,完善管理制度,优化发展环境,健全长效机制,增强服务效能。

在职能转变方面,政府职能定位偏差和地方保护主义影响了地方政府职能转变的推进。对地方政府而言,职能转变意味着放弃部分既有利益,因此政府职能转变与调整必然会遇到一定的阻力,部分政府部门对清理和减少行政审批项目态度不积极,千方百计保留行政审批项目,扩大审批项目的自由裁量权,目

① 金凤君.东北地区发展的重大问题研究[M].北京:商务印书馆,2012.

的就是保留因审批带来的部门利益。此外，部分基层政府部门对上级政府部门下放权力承接能力不足、社会自治组织的发育不足也制约了政府职能的转变。政府职能调整涉及权力的转移，还权于民、还权于市场、分权于社会，将带动社会的结构性变动，涉及经济、社会、政治各领域的各个层面。目前，我国公民缺乏自治意识，社会自治组织不发达，社会缺乏自我组织和管理能力，制约了政府职能转变。

二、以建立现代企业制度为核心的国有企业改革尚未完成

随着东北老工业基地国有企业改革的日益深化，一些制约因素也逐渐显现。从思想认识看，当前对国企改革的看法还不尽一致，对如何进一步深化国有企业改革在思想认识上还未达成共识，制约了国有企业改革的推进。从企业外部看，当前社会保障体系改革相对滞后，管理配套改革不到位，推动国有企业改革的风险和难度不断加大。从企业内部看，改制后企业的经营者和员工多来自老国企，受思维定式和行为习惯的影响，适应新旧体制的转换还需要一个漫长的过程。

国企治理和国有资产管理水平还有待提升。一方面，国有企业的治理水平还有待提高。尽管东北地区国有企业改制工作取得很大进展，但许多企业尚未建立起规范、有效的现代企业制度，特别是企业法人治理结构运作还需进一步规范，劳动、人事、分配三项制度改革还需进一步深化，现代企业制度的建立和完善将是继产权制度改革后未来十年国有企业改革新的着力点。另一方面，以出资人制度为核心的国有资产管理体制还需进一步完善。以黑龙江省为例，截至 2013 年年底非省国资委监管的省直国有经营性企业还有 308 户，资产总额 303.9亿元，净资产 101.8 亿元，数量有限的经营性国有资产分散在不同的政府部门，资源整合和统一监管难度较大。

同时，东北地区仍有部分国企改革历史遗留问题尚待解决。一是厂办大集体改革总体缓慢，三省进度不一。黑龙江省厂办大集体改革基本完成，吉林省

厂办大集体改革正在推进,但辽宁省厂办大集体改革尚未全面启动。二是国企办社会职能移交不彻底,一些国企"三供一业"分离移交工作进展缓慢,地方承接存在困难。三是离退休人员社会化管理改革成本较高,取暖费等历史形成的统筹外费用仍是国企的沉重负担。四是"壳企业"大量存在,有人员有负债无资产,消耗企业和政府资源,处置难度较大。据不完全统计,黑龙江省"壳公司"涉及职工约 20 万人。五是关闭、破产国企退休人员医疗保险等保障政策执行速度相对缓慢,部分国有企业职工安置费仍未解决。如吉林市 18 户国有企业由于可变现资产不足以支付改革成本,改制后职工安置缺口至今未解决。六是国有林权归属不清,林业型城市长期实行林业资源和森工企业"双重国有"的体制,导致产权主体和责任主体缺位,体制性矛盾亟待解决。

第二节　东北地区重点领域改革的思路与重点

东北振兴未来十年,必须进一步破除制约经济社会转型发展的体制机制障碍,在改革中努力做到三个坚持。

一、坚持相关主体权责清晰

东北老工业基地改革的推进首先要处理好两个方面的关系,明确划分政府与市场的边界,合理确定中央政府、地方政府和国有企业的权利与责任。一是处理好政府与市场的关系。按照市场在资源配置中起决定性作用的要求,运用市场化手段,在更高层次开放发展,促进资源优势与资本优势有效结合,推进资源配置依据市场规则、市场价格、市场竞争实现效益最大化和效率最优化。政府要减少对国有企业、市场行为的直接行政干预,而专注于综合引导与监管。二是处理好中央政府与地方政府的关系。在东北改革的推进中,地方政府应当发挥主体责任,中央政府则应给予特定的资金支持和政策支持。加快改革财税体制，健全中央和地方财力与事权相匹配的体制，合理调整政府间财政收入划分。以房地产税、资源税等充实地方税体系。完善纵向财政转移支付制度，改进横向转移支付制度，完善税源总分制度等。

二、坚持分类改革与依法推进

一是要分类推进改革。结合实际情况，逐个领域研究改革办法和推进路径，优先推进重点领域和关键环节改革。二是要坚持依法推进和规范操作。在深化改革过程中，注重完善制度、规范程序、加强监管，坚持做到公开透明、阳光操作、依法合规、全面监督，遵守好国家法律和政策规定，发挥好产权交易平台的作用，防止国有资产流失。

三、坚持政策统筹协调与标准统一

改革的推进应注重政策制定和出台的系统性、整体性和协同性。坚持顶层设计与先行先试相结合，整体推进与重点突破相促进。改革政策的制定和实施要统筹考虑纵向上的连续性和横向上的公平性。横向上的公平性主要是指相同条件下执行标准的统一性，例如同一时点、同一企业、同一地区、同等条件下应当严格执行统一标准。纵向上的连续性主要是充分考虑改革期间政策的连续性。一是统筹考虑改革的连续性，做到政策有序延伸，尽量避免两种标准。二是实现试点政策和当前政策的衔接，对现有政策中规定不明确或者与原有政策有差异的应当予以说明。

第三节　政府改革必须加快推进

将政府“精兵简政”作为最大的制度“红利”，以更大的勇气和全新的举措推进政府简政放权，加快政府职能从经营型、干预型向服务型、监督型转变。为有效打破地方政府简政放权的“中梗阻”，要在清理、下放、取消政府审批、认证、收费项目的基础上，研究制定精简政府机构、分流富余人员、切实实现政府职能转变的具体实施方案，选择合适的城市进行改革试验，积累经验，逐步推开。全面清理、调整与创新、创业相关的审批、认证、收费、评奖事项，使政府工作重心从前端审批向后端监管转移，从管理资源投入向规范市场竞争转移，从注重平台、基地、园区建设向注重体制机制建设转移，从干预企业经营活动向提供公共服务转移。逐步取消政府行政部门主导的有关认证活动，减少政府通过直接财政支持等手段扶持某一类或者某一些企业的做法，建立各行业自由发展、各类型企业(外资企业、民营企业和国有企业)普遍适用的财政税收优惠政策体系，形成相对公平的市场竞争环境。

在完善政府创新、创业权力清单的基础上，建立政府创新、创业事项的“一口受理，综合审批，限期回复，到期未复即批”的服务模式，同时探索行政审批结果的投诉、复议制度，从组织和程序两方面保证行政审批的时效性、公正性和透明度。摒弃以 GDP、利用外资、财政收入等为主要指标的政府业绩考核体系，建立以服务质量和服务效率为核心的政府业绩评价指标体系。进一步规范政府的价格管制行为，明确必须实施价格管制的领域和管制的限度，完善政府价格管制的社会听证制度和专家咨询制度，在非公共产品和服务领域取消所有的政府“限价”“限购”政策，建立产品和服务价格的市场形成机制。

全面借鉴我国先进省区建设“自主创新示范区”“综合改革创新区”“自由贸易试验区”等的经验，将东北老工业基地设立为“创新驱动发展综合改革试验区”，开展“地方政府职能转变改革试验”“深化国有企业改革试验”“以企业为主体、市场为导向、产学研紧密结合的区域创新体系建设试验”“老工业基地民营经济发展改革示范”“老工业基地扩大对外开放改革试验”，探索老工业基地创新驱动发展的实现机制。

切实加强对私有产权的保护，确保民营企业在竞争性行业进入、产品和服务定价、申请政府研发资助和商业银行货款、政府采购竞标、合同订立及履行、民事案件诉讼与审理等方面享有与国有企业和外资企业同等的权利。在生产、流通、使用等环节建立健全防范、查证假冒伪劣产品和服务的工作机制，加大对制售假冒伪劣行为的打击力度，营造任何企业和个人“不能造假”“不敢造假”“一旦造假，倾家荡产”的法制环境，从社会舆论、个人和企业行为、政府监管、司法介入等各个层面形成对造假者的持续震慑。

第四节　国企改革必须取得突破

东北老工业基地国资国企深化改革的难点和重点是央企的改革，地方政府往往对辖区内央企没有影响力，而央企的主营部门往往囿于成本高、难度大，既不愿意选择其进行改革试点，也不愿意花大力气推动其进行改革。因此，辖区内央企改革应是着力点之一。除此以外，地方国有企业虽然数量不多，但与地方国企相关的“人的问题”也很严重，应把妥善解决与地方国企“人”相关的问题作为改革的重点之一。

一、重点推进辖区内央企改革

不论从资产规模、在地方国有经济占比看，还是从上一轮改革进展情况看，央企改革滞后已经严重影响了地方经济的发展，辖区内央企改革成为新一轮改革的重点和难点。因此，东北老工业基地国企改革的深化应当首先着力于辖区内央企改革的全面推进并以此作为深化改革的突破口。辖区内央企深化改革应与提升其市场竞争力，尤其是提升主营业务竞争力结合起来，与东北老工业基地地方经济充分对接，保证改革后能对地方经济增长和产业升级形成持续性的支持。

二、加快完善现代企业制度

以产权制度为核心，完善现代企业制度和法人治理结构，形成股东会、董事会、监事会、经理层各负其责、协调运转、有效制衡的内部运行机制。健全经营管理者市场选聘机制，建立适应市场经济要求的激励与约束机制。不断完善国有资产监管和运营的有效形式。深入推进国有经济布局和结构的战略性调整，促进国有资本向关系国家安全和国民经济命脉的重要行业和关键领域集中。打破地区、行业、所有制的限制，大力推进重点行业骨干企业战略性重组，培育一批具有自主知识产权和较强国际竞争力的大型企业集团。

三、进一步解决历史遗留问题

妥善解决厂办大集体问题，合理界定大集体产权，完成产权制度改革。根据具体情况分类改制，分别进行脱钩、改制、出售、破产拍卖、管理层收购等形式的产权改革。创新分摊改革成本，多渠道筹集改制资金。从动态视角、长远利益出发，通过提高中央财政分摊比例、发行地方政府专项改革债券、建立偿债（国有、集体）资产池等方式尽早完成厂办大集体改革工作。一方面，中央财政可短期内通过提高承担比例彻底解决这一问题，从而避免日后解决需要更大的投入；另一方面，可以考虑中央政府为地方政府代发厂办大集体改革专项债券，先完成改革，地方政府再利用财政收入逐步偿还债务，同时积极探索其他资金渠道，弥补改制成本缺口。按照新的处置办法加快推进“债转股”股权处置。推动企业办社会职能彻底移交。探索有效途径解决“壳企业”问题。在有效防范道德风险的前提下，继续推动解决企业历史欠税问题。

四、重点推进人员的妥善安置

人的问题很重要，也很复杂。国资国企改革中的人员安置问题不仅涉及巨大的安置成本问题，更涉及如何安置才能解决人员的后顾之忧及持续生存的问题。新一轮改革的另一个难点和重点是如何安置职工以及如何安置好职工。一是要重点提升地方社保的承接能力；二是要加大下岗再就业人员的培训，提高其再就业能力；三是更为关键的要加快东北老工业基地产业的转型升级和产业的竞争力，通过产业发展创造就业机会，通过产业发展提升整体经济水平和员工收入水平。出台政策操作细则，发挥地方政府作用。进一步细化和优化政策细则，利用政府资源调配能力和经济、行政等各种手段推动改革。出台对企业欠缴的养老保险费核销具体办法，出台有关职工劳动关系处理、经济补偿金发放、各项社会保险关系处理、就业再就业等方面的政策，形成完善的具有较强操作性的政策体系。同时加强新政策与前期试点政策的衔接。

第五节　民营经济必须做大做强

进一步落实促进民营经济健康发展的政策措施。鼓励和引导民间资本进入法律法规未明文禁止准入的行业和领域。支持非公有制企业通过参股、控股、并购等多种形式，参与国有企业改制重组，投资基础设施建设，兴办公共服务事业。加强对非公有制企业的服务、指导和规范管理，切实改善投资营商环境。及时修订和完善保护非公有制企业产权的地方性法规和政策，对于非公有制经济知识产权保护、信用规范、退出机制等问题也应尽快研究和立法，行政执法部门和执法人员要增强法制观念，依法行政，做到公正执法、文明执法。

理顺政府与市场的关系，更好地发挥市场配置资源的基础性作用，建立行为规范、运转协调、公开透明、廉洁高效的行政管理体制，切实把政府经济管理职能的着力点转到主要为各类市场主体服务和建立健全与市场经济相适应的体制、政策、法律环境上来。严格规范行政执法行为、执法程序和行政处罚自由裁量权，进一步减少和规范行政许可和行政审批，简化审批程序，提高审批效能。

健全面向中小企业的服务体系，促进各类中小企业加快发展。加快创业孵化基地建设，壮大一批主业突出、核心竞争力强的民营企业集团和龙头企业。改善面向中小企业的金融服务，规范并引导创业投资和股权投资发展，积极推进知识产权质押融资和股权质押融资，降低中小企业融资难度。继续支持东北区域性政策性再担保机构发挥政策性引导作用，规范发展融资性担保机构，加快推动东北区域中小企业信用担保体系的形成和发展。充分发挥工商联、行业商会、科研院所、中介机构等在个体私营经济创业辅导、技术支持、融资担保、信息服务等领域的作用，形成多主体、多层次、多方位的社会化服务体系①。

第六节 思想观念务求转变

东北地区受计划经济影响时间长，干部群众应加快解放思想、转变观念。一是改变情感大于理性、关系大于法规的思维观念，严格按照规章制度办事。二是改变务虚大于务实的思维观念，要少喊口号，多干实事。三是破除"等、靠、要"思想，打破政策依赖、资源依赖和路径依赖的思维，积极挖掘自身潜力，不断增强发展活力和内生动力。四是破除"官本位"思想，不断提高公共服务质量，不断更新观念，开阔视野，提高认识水平，促进多种文化的融合。五是培养创新精神，营造创新氛围。充分认识创新对于振兴东北老工业基地的重要性，认真贯彻创新驱动发展战略，培养创新思维，弘扬创新精神，改造升级"老字号"，深度开发"原字号"，培育壮大"新字号"，积极鼓励企业自主创新并为此创造良好的环境。六是及时调整精神风貌。面对当下的舆论环境和发展困境，一些人畏难情绪抬头，消极心理蔓延，进而求平安心态增多，不作为现象上升。针对这种情况，一方面要加强舆论引导，防止部分媒体抹黑、唱衰、妖魔化东北和夸大对东北的负面评价；另一方面要继续推动各项改革，给干事者撑腰，给创新者扶持，提振广大干部群众振兴东北的信心和底气。

要以国家重大战略的实施为契机，主动改革、积极探索，拓宽东北地区改革空间，为新一轮发展提供动力。先行先试是中央在改革攻坚时期对地方的授

---

① 闫贵壮.东北老工业基地振兴中的民营经济发展[J].合作经济与科技，2014(23)：48-49.

权,是制定新政策、开创新模式、取得新突破的探索。地方政府则应坚持实事求是的原则,把握发展规律,用好用活政策,将主观能动与客观规律相融会,创新创造与学习借鉴相贯通,解放思想、更新观念,尝试新思路、新政策、新举措,以强烈的使命感、危机感和紧迫感在先行先试上展现新的作为,保障人民群众切实享受到改革开放所带来的利益,创造经济发达、政治民主、社会和谐、文化繁荣、生态良好的发展环境,为东北地区进一步深化改革和扩大开放注入新的活力。

第五章

培力：产业结构调整是重中之重

5

第一节　东北地区产业结构之病

实施振兴战略以来，东北地区的产业发展，特别是制造业无论从生产规模方面，还是从技术创新及加工配套能力建设方面都取得了一定的成绩，但与全国比较，仍面临着突出的结构性问题，发展的质量和效益有待进一步提升。

一是产业结构偏重、产业链条偏短，受经济发展周期性影响明显。装备制造产品特别是煤炭、石化、冶金等行业专用设备，随着全国固定资产投资下滑，市场空间减少，行业利润下降明显。能源原材料产业缺乏下游加工产品，以石化行业为例，东北乙烯产能占全国的约 1/4，但下游化学纤维、化学农药产能不足全国的 1%。钢铁、煤炭、化工、石油和天然气开采等能源基础原材料行业，受大宗商品价格波动影响，是导致近年来东北经济增速下滑的主要行业。

二是制造加工能力低，产业配套能力不强。目前东北制造业产业链短，精深加工度低，核心竞争力不突出，产品配套能力弱。辽宁装备制造业中的一些国有企业仍延续自我封闭的产业链模式，在组织生产配套和设备成套上缺乏广泛的开放性协作。在部分行业，零部件的自制率在 50%以上，但产业链协作程度只达到日本同行业的 25%。以汽车产业为例，上海一辆整车的 2 000 多个零部件，90%可由江、浙等临近省份获得，而东北的长春、沈阳、哈尔滨虽然在提高整车的生产能力，但区域内汽车零部件的配套能力弱，如吉林省为长春一汽的配套不足 50%，严重影响了企业整体竞争力①。

三是技术差距仍是发展最大制约。在装备制造业领域，技术上的差距仍是制约我国装备制造业发展的瓶颈。以辽宁省为例，不仅一些如数控机床控制系统等重大技术装备需要进口，而且一些如电气设备制造中的开关、套管、纸板等

---

① 张志元，郑吉友，岳文飞.东北地区制造业发展模式的先行特征及转型路径[J].湖北经济学院学报，2013，11(5)：57-61.

基础零部件也依赖国外资源。国外供应商从这些产品的供给、价格、供货期、规格等多方面对本土企业进行限制，约 30%~70%的行业利润被进口部件吃掉，影响产业的做大做强。

四是高新技术产业总体规模依然相对偏小。从企业的单体规模、高技术产业的总产值占全国比重、高技术的企业数占全国比重等指标来看，东北地区的高技术产业表现出总体规模偏小的特征。据统计，东北三省高技术企业数量及主营业务收入占全国比重不足 5%，远低于经济总量在全国的地位。二是缺乏龙头企业。沈阳新松机器人近年来一直保持两位数增长，但 2016 年产值仅约 20 亿元。东软数字医疗 2016 年业务同比增长 30%，但产值仅 10 余亿元。近十年来，东北地区的高技术产业在全国的地位还有不断下滑的趋势。

五是与制造业配套的生产性服务业升级缓慢。东北地区现代物流、服务外包、金融保险、商务会展等生产性服务业总体上呈现起步晚、规模小、增长慢的特征。以金融业为例，2015 年吉林省金融业占服务业增加值比重仅为 10.35%，居全国倒数第 2 位；黑龙江为 11.08%，居全国倒数第 4 位。东北地区发达的工业体系对生产性服务业具有巨大的潜在需求，由于东北地区服务业内部结构层次低，远未形成对工业核心竞争力提升的支撑引领作用。

第二节　东北地区产业结构调整的思路与重点

2016 年 5 月，习近平总书记在黑龙江考察调研时强调，老工业基地要抢抓机遇、奋发有为，贯彻新发展理念，深化改革开放，优化发展环境，激发创新活力，改造升级“老字号”，深度开发“原字号”，培育壮大“新字号”，扬长避短、扬长克短、扬长补短，闯出一条新形势下老工业基地振兴发展新路，这为东北产业转型升级明确了重点、指明了方向。东北地区争取再用十年左右时间，建成具有国际竞争力的先进装备制造业基地和重大技术装备战略基地，国家新型原材料基地、现代农业生产基地和重要技术创新与研发基地。

一是要坚定不移推进供给侧结构性改革，提高传统产业转型升级的质量和效益。按照党中央、国务院统一部署，有力、有度、有效落实"三去一降一补"工作任务，重点抓好去产能、降成本工作，努力提高东北地区供给体系的质量。

二是要培育发展新兴产业，加快构建新的产业竞争优势。积极支持东北地区因地制宜发展新产业、新产品、新业态，特别是高技术制造业和服务于制造业转型升级的生产性服务业，发展"互联网+现代农业"，推动东北地区加快形成多点支撑、多业并举的产业发展格局。

三是深化国资国企改革，推动国有企业在产业转型升级中发挥重要引领作用。在装备制造、军工、能源原材料等领域，东北地区拥有一大批具有重要战略意义的国有企业，应深化东北国资国企改革，组织一批重点国有企业实施混合所有制改革，做强做优做大国有企业，使其在工业转型升级中当好"排头兵"。

四是突出重点区域和重大项目引领作用，实现产业转型升级的集聚效应。加快推进中德（沈阳）高端装备制造产业园、哈尔滨新区、长春新区、大连金普新区等重点区域建设，集中打造一批新兴产业集群。深化国际产业合作，研究在东北地区设立中以、中日、中韩经贸和产业合作平台。在老工业城市和资源型城市设立一批产业转型升级示范区和示范园区，打造国际化、智能化、绿色化高端产业发展平台。

五是积极承接先进产业转移。抓住当今国内外区内外、大城市与周边小城市间产业转移的机遇，创造优良的投资环境，积极主动地接纳域外资金和技术。当前，东北地区与周边日韩等国的产业发展处于不同层次，相互之间存在着产业转移的基础。随着面向东北亚开发开放水平不断提高，东北地区可借助融入东北亚发展契机，承接外部先进生产力转移。

第三节　积极调整传统优势产业

纵观世界主要发达国家老工业基地的改造，并不是单纯地淘汰传统工业，也不是单纯地发展新兴工业，而是根据比较优势，加强对传统工业的技术改造，实现传统产业生产现代化。东北地区以深化供给侧结构性改革为主线，推进传统产业提质增效。

对接“中国制造 2025”，提高东北装备制造业的国际竞争力。

把产业集群作为重要的发展形态，把系统集成和成套能力作为核心竞争力，把绿色和可持续作为装备制造业的发展理念。做大做强数控机床、通用石化装备、重型矿山和建材机械、输变电设备、工程机械、汽车和零部件等优势产业；加快培育新能源装备、轨道交通装备、环保和资源综合利用装备、农业机械等潜力产业；大力发展铸锻件、模具、仪器仪表、传动装置等基础产业。在装备制造业领域，努力在东北地区培育形成世界级先进制造业集群。

进一步提升原材料产业精深加工水平。加强行业组织、资产、技术及产品等方面的结构调整，淘汰工艺技术落后、产品质量差、安全隐患大、环境污染严重的落后产能。严格控制钢铁、煤炭等产能过剩行业新增产能。对能耗、环保、安全生产达不到标准和生产不合格产品或淘汰类产能，依法依规有序关停退出。钢铁产业要以“去产能”为抓手，控制产能总量，调整结构，发展钢材深加工。加快推进龙煤集团、阜矿集团、吉煤集团等煤炭企业深化改革，积极推进企业兼并重组，依靠市场化的方法推动“僵尸企业”有序退出市场。石化产业要积极延伸产业链，提高炼化一体化和精深加工水平，大力发展化工新材料、工程塑料、精细化学品。加快推进大连长兴岛等重点石化产业基地建设。

加快促进以粮食深加工、医药为代表的轻工业发展，不断扩大产业规模。要科学规划轻工业发展战略，对区域特色优势产业予以政策和配套支持，提高竞争意识，改善环境，加强配套，在土地资源、资金配置、人才技术、行业标准、发展产业集群等方面给予适度的支持和鼓励，创造良好的政策环境。抓住全国产业转移的机遇，招商引资，实现轻工业的转型升级。

第四节　大力发展培育新兴产业

以加快东北地区新旧动能转化为目标，推动“新字号”产业加快发展，为产业转型升级提供全新动力来源。

一是确定重点领域和方向，实现科学发展。进一步解放思想、开拓创新，推动东北地区战略性新兴产业和高技术产业实现新跨越。首先是强化战略引导，站在东北地区的全局和战略高度审视，更加尊重科学规律，注重产业发展各环节“技术可行、经济合理”的基本要求，并结合发展基础和优势，重点考虑新材料、新能源、节能环保、海洋工程、航空航天、生物医药、新能源汽车等高新技术产业。这些产业在国内发展方兴未艾，正处于行业发展的上升期，东北地区基础相对较弱，需努力培育，着力于创新发展，应完善投资环境，筑巢引凤，创新产学研结合途径，培育创新型中小企业群，实现跨越式发展。

二是优化财税政策和投融资环境，培育壮大产业规模。以重大投资项目为切入点，加强产业示范作用。积极申请并充分利用国家战略性新兴产业发展专项基金，重点用于支持重大产业创新发展工程、重大市场培育工程。大力发展创业投资，促进中小创新型企业快速发展。在金融支撑政策方面，完善多层次的资本市场体系，大力鼓励发展天使投资、创业投资、柜台市场以及债券市场等，支持融资性担保机构发展，推动各类金融机构采取创新贷款模式、贷款工具等方式支持战略性新兴产业和高技术产业发展。在税收激励政策方面，结合税制改革方向和税种特征，综合运用各种手段，从激励自主创新、引导消费、鼓励发展新业态等角度，针对产业的具体特征，制定优惠支持政策。

三是提升产业创新能力，增强产业核心竞争力。强化自主创新的支撑平台建设，夯实创新的物质技术基础，构建社会化的创新服务体系。继续加大国家有关战略性新兴产业和高技术产业专项资金对东北地区的倾斜力度，提高中央预算内资金支持比例，支持区域创新能力建设。重点引导和支持创新要素向企业集聚，培育具有创新主导能力的龙头企业。建立产学研有机结合的长效机制，加强科技成果产业化。加快建设与完善人才的引进、培养和使用的制度环境，增强对人才的吸引力。

专栏5 实施《东北地区培育和发展新兴产业三年行动计划》

国家2016年启动《东北地区培育和发展新兴产业三年行动计划》(以下简称《行动计划》)，专项支持东北地区培育新兴产业发展。

一、积极培育新兴产业，新动能新引擎加快形成

东北四省区按照《行动计划》的要求，加快实施创新驱动发展战略，积极培育新兴产业集群，促进大众创业万众创新，扎实开展“互联网+”和新兴产业惠民试点示范。经过一年半的培育发展，东北地区特色产业链不断完善，产业集群辐射带动作用显著提升。在一些地区，发展新兴产业已经成为转型升级、盘活经济存量的必由之路和拉动经济增长的新引擎。例如，本溪市在产业结构转型巨大压力下，依托地处生态屏障区的地理优势，主动选择以生物医药为突破口，通过引进上海医药、沈阳药科大学等行业龙头和高校入驻，对接中德国际合作平台等方式，探索走出了从“国企独大”到“双园驱动”的转换路径，生物医药产业已成为拉动本地区经济增长的主要驱动力量。

二、依托双创、“互联网+”，新业态新模式不断涌现

东北四省区深入实施创新驱动发展战略，大力推动双创、“互联网+”发展，在不断深化体制机制改革的背景下，涌现出了一批借助新技术、新产业、新业态、新模式发展的明星企业，他们或通过转化本地科技成果把新产业迅速做大做强，或运用互联网思维等对传统产业进行模式创新和再造，激发了地区经济新活力。比如，由黑龙江省、哈尔滨市两级政府与哈工大三方共建的哈工大机器人集团，借助哈工大在机器人领域的技术外溢效应，

形成了集技术成果转化和孵化于一体的机器人产业聚集创新平台，在不到两年的时间里，培养了17家机器人领域的成熟本土企业，推出20多类100余种产品，2016年营业收入达到6个亿。在其带动下，哈南机器人产业园已集聚了60多家机器人企业，集聚效应和知名度初步显现。又如，辽源市东北袜业抢抓国家新一轮东北振兴政策和国内产业转移两大机遇，把"互联网+"和双创作为两大核心，对传统袜业生产进行信息化、智能化改造，打造特色化产业链条，构建了集智能园区、创业孵化、装备制造、公共服务、电子商务于一体的袜业全链条生产平台，聚集各类企业810户，先后吸引2 000多名大学生在园区创业就业，直接、间接安置就业3万人。

三、改善政府服务和营商环境，新兴产业发展后劲增强

以实施《行动计划》为契机，东北四省区加强部门协调，强化政策扶持，改善营商环境，新兴产业发展的政策环境正在逐步改善。在工作机制上，注重"形成合力"。通过实施《行动计划》，四省区普遍建立了跨部门协调机制，以统筹运用国家补助资金为纽带，激发了各级部门支持新兴产业发展的热情和信心。在政策手段上，注重"点面结合"。四省区把实施重点从选项目、下投资扩大到新兴产业各个工作领域，将双创、"互联网+"、新兴产业惠民等工作与新兴产业培育发展有效结合，形成了"点块面网"的工作格局，发挥了政策合力，取得了"1+1>2"的实施效果。在营商环境上，注重建设"亲""清"政商关系。为优化营商环境，四省区出台一系列管理办法和条例，有力地改善了政府服务，规范了政府行为。根据国家信息中心企业监测调查，截至2017年上半年，东北地区发展新兴产业政策环境指数从2015年四季度的119.4上升至127.8，而同期全国平均水平则从134.6回落至134.2，东北地区在全国各区域板块中逆势上涨，一枝独秀。在体制机制上，注重创新突破。吉林省启动建设了30个中试成果转化基地，打通了科技成果转化链条；依托中科院长春分院建立技术转移中心，构建技术转让的

市场化制度,服务省内600多户企业。辽宁省针对东北普遍存在的人才缺失问题,推动沈阳市深入实施“盛京人才”战略,制定了11个配套政策和实施细则,形成特色鲜明的“1+X”人才政策体系。黑龙江省与中航科技五院签订战略合作协议,开展卫星应用和智慧城市建设,孵化出了哈尔滨航天恒星数据系统等一批高技术、高成长企业。

通过《行动计划》的实践,东北各省区厘清了发展新兴产业的总体思路,规划了符合自身比较优势的特色产业集群,构建了促进新兴产业发展的有关协调机制,通过实施双创、“互联网+”等,四省区探索形成了提升改造传统产业、促进民营经济发展的新路径和新办法,把发展新兴产业打造成了振兴东北经济的新引擎。

资料来源:国家发展改革委有关研究报告。

第五节 加快发展现代服务业

积极转变发展观念,把推动服务业大发展作为东北全面振兴的战略重点。坚持生产性服务业与先进制造业融合发展、生活性服务业与扩大居民消费相互促进、现代服务业集聚区与工业集中区配套建设,实现东北地区服务业增速加快、比重提高、结构优化、集聚增强、竞争力提升。

一是强化规划引领,科学编制服务业发展规划。统筹谋划东北地区服务业深层次融合发展路径,加快构建统一开放的基础设施网络、生产要素市场、科技支撑体系和产业合作平台,积极引导服务业发展从行政区划经济的竞争模式转变为区域分工协作的合作模式。东北地区相关城市服务业发展规划要加强与当地城市总体规划、土地利用总体规划、相关产业发展规划的衔接。

二是扩大对外开放,加强面向东北亚地区的服务业交流与合作。充分发挥东北地区地缘、人文和资源优势,将东北亚国家作为东北地区服务业对外开放的战略区域。把承接国际服务外包作为东北地区扩大服务贸易的重点，加快推进大连、哈尔滨、大庆等服务外包示范城市建设，培育一批具有国际竞争力的服务外包企业。加快推进东北亚区域物流一体化进程，重点支持大连大窑湾保税港区、沈阳、绥芬河和长春兴隆综合保税区等进行服务业对外开放创新试点。大力发展文化旅游、对外承包工程等特色优势领域，积极扶持出口导向型服务企业参与国际竞争。

三是完善网络节点，提升中心城市服务能级。重点培育功能完善的区域性服务中心，促进沈阳、大连、长春、哈尔滨等有条件的大城市率先形成服务经济为主的产业结构，引领带动和改造提升周边区域服务经济网络节点，积极引导东北地区不同等级规模的城市加快形成各具特色的现代服务业主导产业。加快推进哈尔滨市、大连高新技术产业园区、沈阳市铁西区、长春市净月经济开发区服务业综合改革试点，积极建设国家服务业集聚发展示范区。切实加强服务业发展用地保障，鼓励利用工业厂房、仓储用房、传统商业街等存量地产兴办现代服务业。

四是突出重点，优先发展面向工农业转型升级的生产性服务业。扶持发展新型农技和农机服务、种子种苗和农资供应服务、农产品检测认证和现代物流服务、农业信息和会展服务等农业生产性服务业，加快推进东北地区农业现代化进程。加快构建社会化、专业化、信息化、标准化的现代物流服务体系，推动粮食、煤炭、钢铁、石化等重点领域物流发展。鼓励发展研发设计和知识产权服务等高技术服务业，增强工业领域自主创新能力。积极拓展服务业融资渠道，支持符合条件的服务业企业上市融资或者发行中长期企业债券、短期融资券、中小企业集合票据等。

第六节　率先探索实现农业现代化

围绕建设现代农业生产基地和维护国家粮食安全的战略基地，切实加强粮食综合生产能力建设，以优势农产品区域为重点，逐步形成规模化、专业化、集约化的农畜产品产业带。

一是优化种植业布局。稳定发展水稻生产，提高大豆亩产、品质和效益，调减非优势区玉米种植。重点建设好三江平原、松嫩平原、辽河平原、吉林中部、大兴安岭沿麓的优质水稻、专用玉米、高油大豆等优势产区，巩固粮食生产的战略地位，提升加工转化增值能力。在大中城市郊区大力发展蔬菜、水果、花卉等设施化生产，丰富消费品种，满足市场需求，增加农民收入。在东部山区、南部山区大力发展水果、食用菌等林业特色产品，形成特色资源产业带。

二是加快发展畜牧水产业。以农区特别是玉米产区为重点，围绕饲用玉米生产，大力发展生猪养殖，建设生猪生产基地。在列入全国肉牛优势产区的县市（旗）建立肉牛标准化生产体系和产业化经营体系，提高肉牛产品档次和产品的安全性。在内蒙古的锡林郭勒盟、赤峰市、通辽市的大部分区域及兴安盟东部呼伦贝尔草原西部、吉林省、辽宁省西部地市、黑龙江省齐齐哈尔市等地区加大肉羊优良品种的繁育和推广力度，全面提高单产和质量水平。在辽宁省沿海发展高效海水养殖，扶持优势水产品养殖品种深加工，形成以辽东半岛近海水域养殖带为中心的东北区“海上牧区”。

三是推动发展“互联网+现代农业”。推动互联网与农业生产、经营、管理、服务各环节加速融合，培育一批网络化、智能化、精细化的现代种养模式，加快完善新型农业经营体系，建立健全农产品质量安全保障、农业信息监测预警体系。鼓励建设东北优质农畜产品展示展销中心，积极开展网上经营，加强农产品全程冷链物流体系建设，实现线上线下融合发展。

第六章

6

强基：鼓励创新创业是关键之举

第一节　东北地区创新创业发展之弱

实施振兴战略以来，东北创新发展取得了一定成绩，但还是制约东北经济发展的短板，主要表现在以下几个方面：

一是科技创新环境需要进一步改善。东北等老工业基地发展至今，在创新人力资源、创新物质条件和创新发展意识等衡量创新发展与科技进步环境的主要指标与国内发达地区还存在较大差距，即使创新发展和科技进步综合水平位居全国前列的辽宁省在自主创新意识、企业家队伍建设、高端人才培养和引进方面还需要进一步加强。

二是创新资金投入相对不足。东北地区研发经费内部支出占地区生产总值的比重近年来处于全国平均水平之下，即使是东北地区发展最好的辽宁省也仅仅是接近全国平均数。统计表明，在人力投入方面，2003 年至 2010 年，东北三省工业企业研发人员全时当量持续增长，2011 年之后均不同程度下降；在财力投入方面，以辽宁省为例，技术引进经费支出在 2009 年达到峰值 25 亿元，2010 年之后大幅回落，技术改造支出在 2012 年后开始下降。东北地区的研发投入远低于东部沿海地区，2014 年东北三省研发投入合计不足广东省的 40%①。

三是科技成果向应用转化不足。东北三省有一大批高水平的重点高校和研究机构，其科研专利产出占全社会 50% 以上，但相关成果难以在本地企业产业化，导致“墙内开花墙外香”。大连化物所科技成果转化率位居中科院院所首位，但在辽宁省本地转化率不足 4%。

四是企业技术创新主体地位有待进一步强化。从东北地区整体发展看，大

① 柳御林，高太山.中国区域创新能力报告 2014[M].北京：知识产权出版社，2015.

部分企业对技术创新机构建设和研发投入重视不够，技术创新活动主要围绕产品结构调整和部分生产工艺的改进，对关键核心技术研发和产业技术前瞻性研究不足，产学研联合创新和跨地区的协同创新活动不够活跃，缺乏研发和创新的带头人，造成企业技术创新能力普遍薄弱，多数企业没有形成自己的核心技术能力，创新的组织机制也不完善。虽然近年来从国内外引进一批大项目，但仍存在重技术引进，轻消化吸收和再创新的倾向。

第二节　东北地区推进创新创业的思路与重点

创新是引领发展的第一动力，是东北地区建设现代化经济体系的战略支撑。东北地区历史上布局了大量的科研院所和科研平台，具备加快创新发展的基础和条件。东北地区推进创新创业，应以破解当前面临的突出矛盾和难点问题为导向，以支撑产业转型升级为目标，着力打破制约科技与经济结合的体制机制障碍，培育东北老工业基地的内生发展动力。

表 6.1　东北地区已建立的国家工程技术研究中心

序号	中心名称	依托单位
1	国家催化工程技术研究中心	中国科学院大连化学物理研究所
2	国家大豆工程技术研究中心	黑龙江省大豆技术开发研究中心、东北农业大学
3	国家大豆工程技术研究中心吉林分中心	吉林省农业科学院
4	国家地球物理探测仪器工程技术研究中心	吉林大学
5	国家电站燃烧工程技术研究中心	辽宁省燃烧工程技术中心
6	国家防爆电机工程技术研究中心	佳木斯电机股份有限公司、佳木斯防爆电机研究所

续表

序号	中心名称	依托单位
7	国家风电传动及控制工程技术研究中心	大连重工·起重集团有限公司
8	国家光栅制造与应用工程技术研究中心	中科院长春光学精密机械与物理研究所
9	国家金融机具工程技术研究中心	辽宁聚龙金融设备股份有限公司
10	国家金属腐蚀控制工程技术研究中心	中国科学院金属研究所
11	国家树脂基复合材料工程技术研究中心	哈尔滨玻璃钢研究所
12	国家水力发电工程技术研究中心	哈尔滨大电机研究所、哈尔滨电机厂有限责任公司
13	国家稀土永磁电机工程技术研究中心	沈阳工业大学
14	国家冶金自动化工程技术研究中心沈阳分中心	东北大学
15	国家玉米工程技术研究中心(吉林)	吉林省农业科学院
16	国家真空仪器装置工程技术研中心	中国科学院沈阳科学仪器研制中心有限公司
17	国家中成药工程技术研究中心	辽宁本溪三药有限公司
18	国家乳业工程技术研究中心	黑龙江省乳品工业技术开发中心、黑龙江乳业集团
19	国家杂粮工程技术研究中心	黑龙江八一农垦大学、大庆中禾粮食股份有限公司
20	国家大型轴承工程技术研究中心	瓦房店轴承集团有限责任公司
21	国家数字化医学影像设备工程技术研究中心	东软集团股份有限公司

资料来源:东北三省发展改革委关于创新平台的研究报告。

一要深化体制机制改革。围绕提升东北地区市场化程度、深化国有企业和科研院所管理体制改革、推进全面创业等重点施策,完善创新创业发展环境,充分释放区域创新创业活力，鼓励全民创业带动产业繁荣。

二要依靠创新创业促进传统产业转型升级，支持新兴产业和新业态大发展，打通科技成果向现实生产力有效转化通道，推动东北老工业基地经济保持中高速增长、产业结构向中高端迈进。

三要突出以人为本。把留住人才放在优先位置，积极引进人才，使科研人员获得与贡献相匹配的待遇和尊严，使创新创业在东北老工业基地蔚然成风。

四要发挥中央和地方两个积极性，统筹好中央政府顶层设计和地方政府责任主体之间的关系。国务院有关部门加强指导和协调，在推进创新创业发展的重大平台建设和布局上，向东北地区倾斜。东北地方政府相关部门要充分发挥主观能动性，结合本地实际，认真抓好各项政策部署的落实。

通过各方面的不懈努力，力争到 2020 年，初步构建完成体制全新、机制灵活、政策完备、功能完善的区域创新体系，科技创新和产业创新能力显著提升，部分重要产业技术达到国际领先或先进水平，取得若干具有重大战略意义的标志性成果，科技进步和技术创新为加快转变经济发展方式提供重要支撑。主要体现在“四个增强”上：

一是自主创新能力显著增强。到 2020 年，研究与试验发展经费支出占生产总值的比重提高至全国平均水平；大中型工业企业研发投入占主营业务收入、发明专利申请和授权等指标有明显提升。

二是创新支撑经济发展能力显著增强。数控机床、机器人、新材料、风电、汽车电子、光电子、软件和信息服务业等战略新兴产业领域达到国际先进水平；规模以上工业高新技术产品增加值占工业增加值的比重大幅提高。

三是农业科技创新能力显著增强。力争到 2020 年，农业科技进步贡献率达 50%以上；杂交作物良种覆盖率、常规作物良种覆盖率和农产品加工转化能力进一步提升。

四是科技人才支撑能力显著增强。在关键技术领域培育一批掌握前沿核心技术、拥有自主知识产权的创新型领军人才和高水平创新团队，造就一支适应东北老工业基地经济社会发展需要的创新型科技人才队伍。

第三节 切实提升科技成果应用转化能力

依托东北地区雄厚的产业基础和丰富的科教资源,围绕产业链布局创新链和资金链,着力推进科技成果转移转化,打通产学研用通道,促进形成新的产业竞争力。

一是完善产权保护机制。东北地区要强化产权保护意识,加强对重点产业、关键核心技术、基础前沿领域知识产权保护力度。建设基于互联网的研究开发、技术转移、检测认证、知识产权与标准、科技咨询等服务平台。对企业家的创新收益,要依法保护。企业以法人财产权依法自主经营、自负盈亏,有权拒绝任何组织和个人无法律依据的要求。

二是加快社会信用体系建设。在东北地区选择有条件的地区,开展重点高新技术企业信用评级试点,建立高新技术企业信用报告制度,开展信用融资。在东北地区开展信用“红、黑名单”建设,构建守信激励和失信惩戒机制,营造“守信光荣、失信可耻”的社会舆论氛围。

三是激发高校和科研院所的创新活力。①建立健全高校、科研机构职务科技成果收益分配机制。确立科技成果发明人利益主体地位。高校、科研机构职务科技成果转化所得净收益,按照不低于70%的比例归参与研发的科技人员及团队拥有,其余部分统筹用于科研、知识产权管理及相关技术转移工作。建立健全高校、科研机构职务科技成果使用、处置管理制度。②开展区域间的院校合作,加强对东北地区大学科技城和科技创新城建设指导,引进一批重大高新技术产业化项目和研发中心项目,辐射带动区域经济发展。

四是以企业为主体推进创新链整合。①鼓励企业通过多种途径提高技术创新能力。通过收购掌握核心技术、引进技术、自主研发、产学研结合多种方式,提升企业创新能力。通过企业技术创新与大型项目的结合,加快科技成果转化。②在国家支持引导下，以突破制约产业发展关键核心技术、延伸产业链条、培育新兴产业集群为目标，组织实施一批具有示范意义的重大创新工程，推动全国重点高校和科研院所的科技创新成果在东北地区转移转化。支持机器人、轨道交通、石墨、航空装备、半导体装备、生物制药等领域成立一批国家级省级产业与技术创新联盟，鼓励成员单位之间开展协同创新，突破产业发展技术瓶颈。

第四节　积极打造创新创业平台

以沈阳全面创新改革试验区、自主创新示范区、双创示范基地、科创小镇、高新技术培育园、大学生创业园、创业孵化器等创新平台为载体，引导各类创新要素集聚，在东北地区打造一批创新创业发展的高地。

一是加强对双创平台建设的分类指导。对沈阳浑南双创示范基地等粗具规模的平台要支持加快转型升级，加速由初期阶段向更加注重突出科技特色和产业集群特色转变。对新起步的公共技术服务平台、众创空间、孵化器等，要加强创新创业服务体系建设，吸引高水平的科研院校、创新团队和投资机构入驻，尽快形成规模。

二是鼓励创新平台建设模式。积极鼓励黑龙江省工业技术研究院、沈鼓-大工研究院、远大科技园和长春中俄科技园等探索支持创新创业发展的新模式。实施中科院“率先行动”计划，在东北地区共同支持建设一批创新平台。依托这些成果转化平台开展创新创业。在城区老工业区搬迁改造过程中，鼓励老工业城市改造利用老厂区老厂房老设施，为创业者提供个性化的创业空间。

三是加大对创业投资的支持力度。积极推动国家各类政策性产业投资基金、创业投资引导基金支持东北地区创新创业发展。鼓励东北地方政府与社会资本联合发起设立支持创新创业发展的投资基金。鼓励国家级、省级经济技术开发区和高新技术开发区设立新兴产业创业投资引导基金，集聚创新创业活动。鼓励创新债券品种，通过专项债券支持东北地区创新创业。

专栏 6　沈阳全面创新改革试验取得阶段性进展

2016 年,党中央、国务院批准在沈阳开展全面创新改革试验,并批准同意《关于沈阳市系统推进全面创新改革试验方案》。一年多来,辽宁省、沈阳市高度重视全面创新改革试验工作,围绕国企改革、科技创新、军民融合、多规合一、产业升级等五大重点领域,深入推进改革试验,取得重要进展和成效。

一是科技成果转移转化更加顺畅。沈阳市研究出台了《促进科技成果转移转化行动方案》,推动在沈高校院所开展科技成果转化方面的政策试点。据统计,2017 年东北大学已有 4 项成果以作价入股形式创办企业,带动社会资本 1.5 亿元。东北科技大市场在沈阳正式挂牌成立,已有 39 家服务机构实体入驻;东北大学、吉林大学等 126 家高校院所提供成果信息 450 项,为 302 家企业提供了科技服务;促成技术交易合同 59 项,实现技术转让成交额 1.07 亿元。沈阳市启动实施“双百工程”(百项重大科技研发项目和百项重大科技成果转化项目),截至 2017 年 6 月,首批 105 家企业、15 家高校、7 家科研院所牵头实施的 200 个项目研发总投入达到 56.25 亿元。

二是创新资源和要素更加集聚。在金融方面,沈阳市成立知识产权质押融资风险补偿专项资金管理小组,设立辽宁振兴银行(东北地区首家民营银行),筹建融盛财险(辽宁省第一家法人财险公司),成立锦银金融租赁公司,加速探索“风险补偿金+担保+银行”的科技金融运作模式。在人才方面,沈阳市针对制造业创新需求,推动东北大学与华晨宝马公司开展校企双导师制博士生培养项目,探索高层次人才培养新模式;推动沈阳职业技术学院、沈阳装备制造工程学校等与华晨宝马公司探索校企双元制职业教育模式,培养高素质技能人才;建设海外人才离岸创新创业“自由港”,允许海外人才可以离岸注册公司、离岸经营，推动柔性引进人才。在平台建设方面，积极筹建军民融合中心和国家军民融合综合服务平台，成立由沈飞集团公司、沈阳飞机设计研究院、沈阳航天新星公司等79家单位加盟的沈阳市军民融合产业发展联盟，促进军民技术资源聚集与对接。

三是创新创业政策环境更加优越。沈阳市大力推进“多规合一”改革，企业注册登记“七证合一”改革在全市推广；将所有行政职能部门的审批职能、审批事项、审批人员统一集中到政务服务中心，出台《关于推进办事“最多跑一次”改革的实施意见》，削减行政审批事项14%；中德园开展“承诺制”审批，简化项目规划、用地、环评程序。沈阳市依托中德园开展知识产权综合管理改革，组建中德园知识产权局，统一园区专利、商标、版权管理职能，探索建立“三合一”执法机制；设立知识产权维权援助中心、中德园知识产权维权援助站和中德知识产权学院，为园区企业提供定向维权援助。通过一系列改革，沈阳市的创新创业环境明显改善，2017年1至4月份，新登记市场主体41 967户，同比增长41.22%；注册资本(金)950.43亿元，同比增长36.5%；实际利用外商直接投资2.5亿美元，同比增长11.2%。

资料来源：沈阳市关于全面创新改革试验的研究报告。

第五节 创造吸引留住人才的环境

“鱼无定止，渊深则至；鸟无定栖，林茂则赴”。改变东北地区人才长期外流的状况，必须在人才发展环境上下大功夫，从总体上扭转“劣币驱逐良币”和高层次、高素质人才“逆淘汰”的局面。唯有发展环境变好了，才能吸引人才、资本等要素聚集，才能跳出“制度改革滞后—经济增长乏力—人才流失严重—经济下行加剧—体制机制僵化”的怪圈，减缓人口外流的趋势，优化人口结构，实现经济可持续发展。

一是完善育人、引人和用人的体制机制。推动取消各项制约人才流动、限制人才在本地工作和创业、不利于海外人才回国工作的政策规定，为各类人才提供公平、公正的竞争平台。加大人才激励力度，在东北地区推广科技成果处置权、收益权、股权激励等国家自主创新示范区政策。健全完善技术入股、股权期权激励、分红奖励等激励政策，鼓励高校、科研院所和国有企业的科研人员、高技能人才投身创新创业大潮。

二是推动改革人才评价方式。鼓励分类建立以品德、能力和业绩为导向的人才评价体系，克服唯学历、唯职称、唯论文等倾向。应用研究和技术开发人才突出市场评价，把科研成果直接产生的经济效益作为重要评价指标，逐步引入第三方、市场化的专业人才评价机构开展评价。突出用人单位在职称评审中的主导作用，具备条件的用人单位自主开展职称评审。畅通非公有制经济组织和社会组织人才申报参加职称评审渠道。

三是培育注重开放、敢于冒险、宽容失败的创新创业文化。积极加快对内对外开放的步伐，加强与国内先行地区和国外发达地区的交流和沟通，逐步形成开放和包容的文化氛围。转变高等学校的教育和培养方式，鼓励学生尝试、开拓、冒险和迎接挑战，植入勇于创新的文化基因。积极发挥传统媒体和网络新媒体在社会文化方面的鼓励和引导作用，在全社会形成充满竞争、活力和激情的创新和创业氛围。

四是组织实施重大人才工程。①高端人才培养工程。依托国家及省级重大科研项目、重大工程、重点学科和重点科研基地、国际学术交流合作项目，建设高层次创新型人才培养基地，形成创新人才选拔培养体系。②创新人才和创新团队引进工程。通过国家海外高层次人才引进“千人计划”、引进海外研发团队和科技型企业“双百”工程、搭建企业院士工作站等，大力引进高层次创新人才和团队，努力在东北地区培养造就一批具有国际水平的战略科技人才、科技领军人才、青年科技人才和高水平创新团队。

第七章

7

拓面：深化开放合作是突围之略

第一节 东北地区开放合作之僵

从一系列对外开放指标，如外贸依存度、利用外资比重、外贸出口占 GDP 比重来看，东北地区与沿海发达地区还存在很大差距，开放对经济增长的支撑作用还远远没有发挥出来。

一是对外开放程度偏低。同东部沿海发达地区和全国平均水平相比，东北地区对外经济贸易总量仍然偏小，外贸增长速度相对缓慢。

首先，加工贸易规模小、发展缓慢，没有形成完整的产业链。东北地区总体上在利用外资发展外向型经济方面较为滞后，加工贸易产业链条不发达，甚至存在部分外资向南转移的现象。加工贸易企业所需配套产品主要依赖进口和国内其他地区，整个加工过程多在单一企业内部完成，加工制成品自行出口核销，使进出口的物流成本大部分由单一加工企业承担。

其次，潜在优势发挥不够。近年来，东北三省外贸依存度虽然逐年上升，但远低于全国平均水平。东北地区的产业优势、生产优势还没有真正转化为市场竞争优势，装备制造优势还没有全面转化为产业集聚优势，资源优势还没有转化为经济优势。特别是口岸优势没有充分发挥，港口建设缺乏总体规划和资源整合，对腹地的辐射和拉动作用没有得到充分发挥；环渤海内支线业务有待进一步拓展，内外贸集装箱同船运输政策没有得到充分利用；海铁联运的发展还处于起步阶段，内陆中转站的软、硬件环境建设相对滞后；临港工业发展缓慢，保税区、出口加工区的建设水平滞后。

二是国际贸易和外资利用的结构还不尽合理。从出口的产品结构看，农副产品等资源型、原料型、劳动密集型初级产品依然占有很高的比重，虽然近几年有所改善，但即使工业制成品（包括机电产品）也大多是技术含量低、加工程度低、附加值低的一般制成品，技术含量高、精深加工、附加值高的产品所占比重偏小。加工贸易规模小、发展缓慢，加工贸易企业所需配套产品主要依赖进口和国内其他地区，加工贸易产业链条不齐备。除辽宁省稍好外，东北地区总体上在发展外向型经济方面远落后于沿海外贸发达省份。这说明，东北地区在经济全球化和区域经济一体化进程中，在国际分工中处于较低层次，没有形成完整的产业链。从各省情况看，辽宁省出口商品主要是机电产品、纺织品和钢材；吉林省出口以低附加值的劳动密集型产品为主，主要商品是服装和胶合板及类似多层板；黑龙江省出口商品主要是机电产品、服装和纺织纱线。进口方面，辽宁省进口商品主要是钢材和原油；吉林省进口产品比较单一，对汽车产业的依赖性强，一汽集团整车进口仍是吉林省机电产品进口的主要增长源；黑龙江省进口商品以资源性和战略性物资为主，主要包括原油、粮食和大豆。

东北地区实际利用外资来源地以我国港澳地区和东亚国家为主，投资分散度低于全国平均水平。如 2015 年辽宁省吸收外来投资最多的是中国香港地区，占 79.59%，新加坡、日本紧随其后，前五位国家和地区的投资占总投资额的 91.12%，其中只有比利时属于欧美发达国家。2015 年黑龙江省吸收外来投资最多的同样是中国香港地区，占51.36%，前五位国家和地区的投资占总投资额的 68.84%。此外，外资投资的劳动密集型特征明显，如中国香港地区和维尔京群岛的投资大多属于劳动密集型投资，而欧美跨国公司的高端技术投资相对较少。从产业分布看，辽宁省实际外商直接投资额主要集中在第三产业，尤其是房地产业，2015 年房地产业实际利用外资的比重达到 52.12%，而其他服务业比重偏低，其次是第二产业，其中制造业占比最高，达到 23.36%。这都反映了东北地区引进外资的质量和技术含量仍有待提高。此外，还应看到，近年来东北地区外商独资化的倾向严重，跨国公司与东北地区企业进行合作研发或结成技术联盟的情况较少，外商直接投资企业的技术溢出效应减弱。

三是对外开放的地域分布不平衡。从地域分布看，虽然东北地区整体对外开放水平在不断提升，但东北腹地及沿边地区对外开放发展仍相对缓慢，沿海地区发展明显优于腹地及沿边地区，外贸和实际利用外资主要集中在沿海及省会城市。就整个东北地区而言,东北地区的外资流入主要集中在辽宁省,失衡的情况比较严重。东北振兴战略实施以来,辽宁省 FDI 占东北三省的比重最高时 2003 年达到 78.43%,最低的 2015 年也有 40.59%,大多数年份在 70%左右。近年来,吉林省利用外资在东北三省中的比重总体上表现为上升的态势,黑龙江省利用外资总额在稳步增长,但增长较为缓慢。

就辽宁省内部而言,沿海城市及省会城市的开放程度也远高于内陆腹地,如 2015 年,沈阳和大连两市实际利用外资金额占当年辽宁省的 72.58%。同时,辽宁沿海区域经济一体化格局尚未形成,沿海地区城镇化进程较慢,区域、城镇间经济联系不强,以大连为龙头的沿海经济带还没有实现优势互补、联动发展的局面。以沈阳、鞍山为核心的中心城市经济区开放型经济发展缺乏有机联系,对周边城市的辐射带动作用还有待进一步发挥。辽西北地区的开放水平有待提升。各类经济园区因区位不同而政策不一,未能实现政策"洼地"效果。开发区在快速发展过程中,不同程度地受到土地瓶颈、资金瓶颈的困扰,发展空间和发展速度受到制约。

四是周边地缘环境更趋复杂。改革开放以来,我国对外开放的软硬环境不断优化,各种制约因素也在逐步消除,但周边国家或地区,或是还没有改革开放,或是开放的力度不够,加之东北亚地区历来是局势不太稳定的区域之一,这些都对东北地区与邻近国家的经贸往来造成了一定影响。

五是区域内部合作尚待进一步深化。就目前而言,东北地区内部开放合作存在的主要问题是区域合作的深度和广度还不够。例如,自 2009 年《东北东部十二市(州)区域合作框架协议》签订以来,东北东部经济带被视为促进东北地区区域协调的重要部分,然而信息交流、经验沟通一直是每年当地党政领导圆桌会议的主题,相比之下,务实、高效的决策机制和一些重点项目却迟迟没有推行和落实。究其原因,主要是行政壁垒对经济合作起到了一定的分隔、阻碍作用。东北地区作为我国的老工业基地,受计划经济体制的影响相对较深,政府在经济事务中的主导作用相对较大,区域合作主要靠政府推动,而区域内各地政府各自为政的现象比较普遍，导致区域协作不紧密。具体表现为：生产要素受行政导向流动，同时又受各种形式的地方保护主义的羁绊，生产要素的配置以行政区划而不是市场分布为基础；基础设施建设缺乏整体协调，交通、通信、环保等设施的建设速度和建设水平不能完全适应各地对区域经济一体化的需求；区域内部的产业缺乏优化布局，低水平重复建设现象突出，没有形成优势互补的产业链，相关配套建设滞后，恶性竞争时有发生。此外，生态建设和环境保护的协调机制还不够完善，长远来看也会对经济发展产生不利影响。这些都弱化了东北地区内部各地之间的经济联系，增加了统筹协调、合作发展的难度。

第二节　东北地区深化开放合作的思路与重点

要充分发挥东北地区既沿边又沿海、地处东北亚区域中心、与周边国家和地区的经济互补性较强的独特优势，努力推进沿海沿边全方位对外开放，全面提升对外开放的层次和水平，使供给与需求条件得到优化，使东北工业化进程得到推进。

一是以辽宁省自由贸易试验区为核心推动东北地区沿海开放体系构建。随着辽宁自贸试验区和国家级金普新区的获批，将构筑起东北地区面向东北亚区域开放合作的战略高地。

二是以沿边强市重镇为核心推动东北沿边开放体系构建。东北地区的沿边开发开放，需要以一批沿边重点城镇的崛起和发展壮大为基础，形成与周边的俄罗斯、蒙古具有对等地位的沿边强市重镇，从而形成东北沿边开放的完整体系，构筑向北开发开放的重要节点。

三是以贯通沿海和沿边通道为载体构建东北沿边地区与沿海地区及腹地区域的互动开放合作体系，充分实现各区域之间的优势互补和良性互动。

四是以开放平台建设为抓手实施更加积极主动的开放战略。借助上合组织、APEC 等国际组织机制，加强东北亚博览会、中俄博览会等东北域内开放合作平台载体的建设，打造东北亚国际经贸合作平台。

第三节　构建全方位开放格局

一、促进沿海、沿边及腹地对外开放协调发展

依托地缘优势和发展基础，统筹东北地区沿海、沿边发展，优化对外开放空间布局，加快面向东北亚开放合作重点区域的发展，提升带动东北地区整体对外开放水平。

在沿海开放上，以大连为核心建设自贸先导区，既能够带动东北沿海及其腹地全面扩大开放，也能够服务于扩大东北地区面向东北亚的开放合作，推动国际次区域开放合作。以大连先导区为主体的沿海区域合作，关键是推动以大连东北亚国际航运中心为龙头建设东北沿海港口集群，构建东北沿海“增长带”，发挥对外开放的先导和示范作用，推动沿海地区的互动合作。在更大范围、更深程度上带动东北沿海、腹地乃至整个东北地区经济的发展，实现沿海与腹地经济的良性互动，加快东北开放发展及海陆联动发展步伐。

沿边开放方面，大力实施兴边富民工程，建设繁荣和谐稳定的新边疆。支持沿边地区建设一批综合实力较强的中等城市及具有独特功能和发展优势的新兴城市，集聚人口和生产要素，增强对周边地区的吸引力和影响力。打造三级中心城镇结构：绥芬河、满洲里、丹东、黑河和珲春 5 个集国贸、省贸、边贸和民贸四位一体的综合性一级城市作为辐射核心；二级城市有延吉、东港、阿尔山、漠河和同江等 8 个集省贸、边贸和民贸三位一体的综合职能城市；三级城市有龙井、东宁、科尔沁右翼前旗和鸡东等，分布在一、二级城市紧密经济腹地区域内，支撑一、二级城市的发展。以沿边地区三级中心城镇结构为基础，强化产

城融合、增强辐射带动功能，提高沿边开放支撑能力，带动周边地区加快发展，重点打造沿边经济带：发展面向俄罗斯、蒙古开放合作的内蒙古东部沿边经济带；发展与俄罗斯等国开放合作的东北东部沿边经济带。统筹推动东北东部沿边经济带与长吉图经济区和辽宁沿海经济带发展战略的协调和互动。

互动发展方面，东北沿边地区和沿海地区及腹地区域基于区域间的差异性和互补性，为市场机制发挥作用提供有效的环境，推动企业的专业化分工协调，形成垂直和水平的产业分工体系。通过产业在区域间转移、产业集群化和产业融合，推动实现沿海、沿边与腹地经济互动发展，以及区域经济合作，区域产业分工协作，区域资本、技术、劳动和信息等要素的流动与优化配置。以东北沿海港口、沿边口岸为依托，以腹地中心城市为关键节点，推动基础设施软件、硬件方面的互联互通，形成沿海—腹地—沿边联动综合运输网络体系。基于辽宁沿海经济带、沈阳经济区、长吉图经济区、哈大齐经济区、东北东部沿边经济带与内蒙古东北沿边经济带，共同组成东北区域产业网络布局，按照点、线、面的网络布局体系，构建沿海港口—沿海经济带—沿边口岸—沿边经济带—内陆腹地经济带为主线的沿海到沿边经济走廊，推动沿海、沿边和腹地的联动发展。

开放平台建设方面，以大连金普新区、哈尔滨新区、长春新区、中德（沈阳）高端装备制造产业园等重大对外开放平台为核心，发挥示范作用，形成开发开放的主要支撑。在政府职能部门管理和服务的基础上，积极吸收民间组织和成员参与国际科技合作相关工作，形成分工明确、管理得当、服务优质的国际科技合作管理和服务平台，加强科技交流与合作，加快建设国际科技合作人才队伍。扩大合作、强化功能、集聚产业，提升现有边境经济合作区、综合保税区、跨境经济合作区、互市贸易区和高新技术产业开发区、经济技术开发区的功能，打造面向东北亚开放的产业合作平台。积极与东北亚物流信息服务网络这一国家平台对接，推动物流企业、物流园区信息共享，与海关、移动通信等部门实现互联互通，打造国际信息网络平台。以开放平台为着力点，坚持“引进来”与“走出去”相结合，着力加强交通运输网络和口岸设施建设，着力提升重点区域的引领带动作用，着力深化重点产业合作，着力扩大对外投资合作，着力提高对外贸易发展层次和水平，着力加强人文等领域的交流与合作，推动经济发展方式转变和综合实力提升，努力把东北地区建设成为我国面向东北亚区域开放的重要枢纽和东北亚区域最具发展活力的地区之一。

专栏7　中德(沈阳)高端装备制造产业园

2015年12月17日，国务院正式批复《中德(沈阳)高端装备制造产业园建设方案》。2016年2月4日，沈阳市政府隆重举行了中德装备园揭牌仪式。中德装备园是国务院批准的我国首个以中德高端装备制造产业合作为主题的战略平台，也是“中国制造2025”和“德国工业4.0”战略对接合作的重要载体。

中德装备园地处沈阳市西南部，四至范围为东至沈阳市铁西区中央大街，西至浑河26街西侧，南至浑河，北至沈辽路，近期规划面积48平方千米。两年多来，辽宁省积极支持在园区内推广复制上海等自由贸易试验区的投资与贸易便利化政策，深化外商投资管理体制改革，建立准入前国民待遇加负面清单管理模式，省政府向中德装备园下放或委托行使31项省级行政职权。目前，中德装备园已经启动了中央商务区建设，包括德国企业服务中心、中德职业技术学院、大企业实训中心、中德广场、宝马公园。按照“以德为主、内外并举、全球招商”的思路，全面推进园区招商和推介。与德国国际合作机构、德国商会、德国中小企业联合会等商会协会建立了合作联系，德国商会等机构也在中德装备园设立了代表处。2017年实现规模以上工业总产值662.6亿元，同比增长60.3%；全口径税收80.4亿元，同比增长48.2%。推进项目共计310个，总投资2 079.5亿元，其中已落地项目171个，投资额达632亿元。

二、适当超前建设互联互通国际通道

依托经绥芬河、哈尔滨、满洲里与俄西伯利亚铁路连接的中俄国际通道，完善境内相关铁路网络，重点建设密山、同江、黑河、洛古河、黑山头、室韦口岸铁路，改造提升相关支线铁路。加快建设区域中心城市到重点沿边城市的快速铁路。依托经二连浩特、蒙古国乌兰巴托与俄西伯利亚铁路连接的中蒙国际通道，重点建设珠恩嘎达布其、满都拉、甘其毛都口岸铁路。加强与周边国家的沟通协调，推动跨境铁路通道建设。加快建设同江—俄罗斯下列宁斯阔耶铁路大桥、黑河—布拉戈维申斯克口岸大桥。

加快国家高速公路网建设及扩容改造，积极推进国省干线公路建设。强化省区间干线公路互联互通，打通东北地区与其他省之间的交通瓶颈，升级改造拥堵路段，提升道路技术等级，加大对高寒地区和交通末端干线公路建设支持力度，提高公路网络化水平和畅通能力。建设哈尔滨至吉林段高速公路；有序推进本溪至集安、赤峰至绥中国家高速公路等项目前期工作；推进哈尔滨至长春和绥中至锦州至盘山段、吉林段国道等改扩建。

进一步强化沈阳机场的区域枢纽机场地位，支持哈尔滨建设面向东北亚地区的航空枢纽，提升长春机场和大连机场辐射能力。新建抚远、绥芬河、霍林郭勒等支线机场。建设一批通用机场，与支干线形成有效衔接。加强和完善东北地区主要枢纽机场功能，增加远程国际航线和班次，提升国际竞争能力。支持沿边重点城市建设航空口岸，开通国际航线；发展国际包机业务，培育定期航班新航线；支持支线机场之间开通航线或形成环线。

以建设大连东北亚国际航运中心为目标，整合辽宁沿海港口资源，优化功能布局，加快港口基础设施建设，提高信息化水平，逐步建成结构合理、功能完备、分工协作、便捷高效的现代化沿海港口群。加快黑龙江、松花江等高等级航道和额尔古纳河、嫩江等重要航道以及码头等基础设施建设，打造黑龙江、鸭绿江、图们江水上战略通道，促进江海联运发展。鼓励企业参与周边国家港口投资合作,促进陆海和江海联运的常态化运营。

巩固和发展满洲里、绥芬河、二连浩特、甘其毛都、策克等口岸基础设施建设,扩大和完善丹东、黑河、同江、抚远、珲春、图们等口岸综合服务功能,培育和推动圈河、长白、室韦、黑山头、阿尔山、满都拉、珠恩嘎达布其等口岸发展。

第四节　加强双向投资合作

一、以质量效益为要求,着力提升“引进来”质量

在外资、技术利用方面,重点是通过适当降低资本金比例、放宽外资持股比例,鼓励外商投资装备制造业、高新技术产业、现代服务业、现代农业、节能环保产业等领域。特别是吸引外资进入新能源、生物医药、新材料、生物育种等绿色低碳的战略性新兴产业。加快外资进入服务业领域,在商业零售、物流、科研、教育、文化、卫生、旅游、信息咨询等服务业领域提供准入和投资便利。创造条件提前开放金融、保险、证券、会计、律师等领域。推动外资进入基础设施领域。鼓励外商投资发展现代物流业,支持其建立区域物流平台和专业物流基地。稳步提升进口规模,鼓励进口新技术、新设备、新材料、关键零部件和国内短缺的能源资源和原材料产品。用好用足国家进口贴息政策,支持符合《鼓励类进口技术和产品目录》的技术和产品的进口。

在产业承接方面,依托资源优势和产业基础,承接国际产业转移,鼓励国内外战略投资者参与老工业基地改造和产业优化升级。发挥各类开发区、边境经济合作区和出口加工区的作用,有序承接东南沿海地区加工贸易转移,加快建设加工贸易基地,提高加工贸易质量,大力发展加工贸易。发挥重点园区在服务外包方面的示范作用,提高承接能力和水平。

二、围绕重点领域加快“走出去”步伐

在制造业上，发挥东北地区产业优势，推进汽车及零部件、船舶、轨道交通装备、数控机床、新能源装备、重大和成套设备以及其他高技术、高附加值产品出口。依托现有产业集聚区和各类开发区，加快外贸转型基地建设。进一步发挥各类开发区、边境经济合作区和出口加工区的作用，加快建设加工贸易基地。不断提高加工贸易质量，推动加工贸易向研发、销售和售后服务等环节延伸，培育出口名牌。

在服务贸易上，扩大服务贸易规模。推动文化、技术、软件、中医药、动漫等服务贸易发展。推动成熟产品技术出口，鼓励和支持有实力的企业“走出去”经营具有传统优势的服务项目。借助大连、沈阳、长春、哈尔滨等国家服务外包试点城市，大力培育和引进外包企业和外包项目。发展优势品牌，打造一批主业突出、具有核心竞争力、能够发挥龙头骨干带动作用的服务企业和企业人才。以开发区、软件园区和骨干企业集团等为依托，建立服务贸易示范区、软件出口创新基地，使示范区和基地成为服务贸易发展的品牌。

在石油、天然气上，加强对俄罗斯、蒙古的能源合作，采取多种形式参与俄罗斯、蒙古，特别是俄罗斯远东与西伯利亚地区石油、天然气国际开发工程，在勘探、采掘和利用俄油气资源上取得突破，形成勘探、采掘和加工系统化。推动中俄东线天然气管道建设，做好中俄石油管道支线的输油工作，支持黑河市与俄罗斯布拉戈维申斯市铺设过江石油管道。

在农林贸易上，建立与俄森林资源开发利用的长期合作关系，以木材贸易为先导，以森林资源开发为中心，以双边、多边合作为基本方式，重点发展林产业对俄合作，实现境内外林、浆、纸及木制品产业化，满足我国内需求。支持农产品出口质量体系建设，培育一批具有国际影响力的绿色农产品品牌。支持国内企业到俄罗斯发展农业种植业。

在工程建设上，扩大对外工程承包和劳务输出。大力推动油气、电力、建

筑、矿产开采等优势行业和企业，积极承揽技术含量高、能够带动东北地区设备和技术出口的大型工程项目。继续做好大项目开发、储备和促进工作，充分利用各种市场信息和渠道，扩大项目资源，提高项目规模和档次，保证对外开放合作可持续发展。重视外派劳务的培训工作。继续巩固日、韩等传统劳务合作市场，积极开拓欧美、大洋洲等发达国家新兴劳务市场，努力开展高层次、高技术劳务输出。东北地区要在现有技术和职业教育的基础上，积极发展专门面向国际市场的专业培训，建立培养、储备、输出人才体系。进一步规范省内劳务市场，大力加快省级外派劳务基地建设，提高基地的经营、管理、培训水平和知名度。

在边境贸易上。扩大边境地区对外开放，积极发展边境贸易。充分利用边境市（县）的区位、资源和政策优势，发挥边境经济合作区、海关特殊监管区等载体功能，促进边境贸易向加工、投资、贸易一体化转型。鼓励边境地区发展有比较优势的特色产业，提升竞争力，推动边境贸易快速发展。加快边境互市贸易区建设步伐。加强图们江地区开发开放，建立促进区域性贸易与投资制度，加快口岸环境建设，大力发展边境贸易、互市贸易和转口贸易。

在人才交流上，积极开展东北地区与周边国家多层次教育和人才培养合作。鼓励高等院校结合东北亚合作需要，扩大联合办学和互派留学生规模，优化学科和专业设置，培养语言、商贸、技术、管理及复合型人才。鼓励东北地区高等院校与周边国家高等院校等教育机构积极开展汉语国际教育。推动东北亚区域内相关院校和培训机构共享优质教育资源，开展远程教育服务。支持二连浩特、满洲里、黑河、绥芬河、珲春、丹东等边境重点城市，建设友谊学校和职业培训学校。

在文化交流上，突出东北亚区域的地域文化特色，开展具有各国民俗风情、形式多样的文化交流。扩大演艺娱乐、文化旅游、影视制作、动漫设计、图书出版等文化产业的合作。利用各地特色节庆，广泛开展丰富多彩的文化活动。发展壮大会展业，提升国际展会影响力，搭建东北亚区域交流合作平台。

在卫生领域,深化与周边国家医疗卫生领域交流合作。扩大中华传统医学的影响,推动中医药和民族医药走出国门,加强交流合作与培训。积极发展远程医疗网络,鼓励有条件的医疗机构开展远程医疗服务。加强疾病疫情信息交流,开展预防控制机制合作。

在生态环保上,加强与周边国家在区域生态环保领域的交流合作,共同关注全球气候变化的影响,积极应对风沙源治理、流域污染防治、生态保护、自然保护区建设、生物多样性保护和水污染防治等区域性重大生态问题。开展界江界河水质监测、流域生态环境保护、大气和海洋环境监控。加强生态环保、边境动植物疫情和有害生物监测、生物多样性保护和动植物检疫领域的学术、技术交流,推动区域环保技术领域合作。

第五节　深化国内区域合作

东北地区内部具有很强的资源互利性和内在经济联系,要建立和强化东北经济区合作框架和协调机制,推进区域一体化进程。随着区域竞争的日益加剧,目前国内很多地区都在寻求加强区域合作,比如京津地区、珠江经济带、长江三角洲等。东北地区内部由于产业结构比较相似,各地区在石化、冶金、能源和机械加工等行业围绕资源、人才和市场等方面的竞争较为激烈,在交通基础设施建设、产业布局、跨省间企业联合和资产重组、环境治理与保护等方面缺乏有效的沟通和协调机制。这和国内其他地区不断加强区域合作的趋势之间存在明显的反差。因此,东北老工业基地振兴应该将构建东北经济区作为其目标之一,加强整体规划,统筹考虑基础设施建设、经济结构调整、产业分工和布局、城市功能定位、环境保护等。各省应该从全局角度出发,发挥各自优势,促进资产跨省重组和要素跨省流动,调整产业布局,建立新的分工与合作体系,提高东北地区的整体竞争力。

同时,要把东北地区与东部地区对口合作作为新时期东北地区开展与国内其他区域合作的关键环节。国务院提出，“组织辽宁、吉林、黑龙江三省与江苏、浙江、广东三省，沈阳、大连、长春、哈尔滨四市与北京、上海、天津、深圳四市建立对口合作机制，开展干部相互交流挂职和定向培训，通过市场化合作方式积极吸引项目和投资在东北地区落地”。建立东北地区与东部地区对口合作机制是新一轮东北振兴战略提出的重大创新性政策举措之一，也是一个开创性的举措，应该作为新一轮东北振兴的重点任务。支持东北与东部地区部分省市开展对口合作，不同于对口援建和对口帮扶，重点是要推动东北地区与东部地区加强交流，开展干部挂职和定向培训，学习借鉴先进经验，进一步解放思想观念和转变发展理念，以改革创新激发内生动力。以市场化方式推动项目投资在东北落地，推动东北地区进一步优化产业结构。

下一步，要深度对接东部沿海省市在优化营商环境方面的新思路、在建设产业园区方面的新做法、在培育发展新兴产业方面的新举措，开展互派干部挂职交流和定向培训，提升东北地区党政管理人才按市场经济规律办事的意识和能力，推动东北社会观念转变，在共建园区、共享人才、共推项目等领域推出一批早期收获清单，把对口合作工作做实。

第八章

8

兜底：保障改善民生是发展之要

第一节　东北地区民生事业发展之急

实施振兴战略以来,尽管东北地区民生事业取得积极进展,但也还面临着以下几个方面的突出问题:

一是城镇居民人均可支配收入和农村居民人均纯收入与全国平均水平相比仍有很大差距。2015 年,东北地区城镇居民人均可支配收入相当于全国平均水平的83.3%;其中,辽宁、吉林、黑龙江、蒙东地区的城镇居民人均可支配收入分别相当于全国平均水平的 92.7%、80.6%、72.5%、73.5%。从全国主要区域板块情况看,2015 年东部地区、中部地区、西部地区、东北地区城镇居民人均可支配收入分别相当于全国水平的 121.9%、83.3%、80.5%、83.3%,东北地区城镇居民人均可支配收入相当于东部地区的 68.3%,差距十分明显,与中部地区基本持平,而略高于西部地区。

二是基本公共服务供给质量不高、发展不平衡的矛盾仍然十分突出,基本公共服务体系与全面振兴的要求相比、与人民群众的期望相比,还有一定差距。2015 年,全国各省(区)教育支出占地方财政一般预算收入的比重平均为16.0%,辽宁、吉林、黑龙江、内蒙古的比重分别为 12.7%、14.0%、13.3%、14.2%,均低于平均水平。各省(区)科技支出占地方财政一般预算收入的比重平均为2.2%,辽宁、吉林、黑龙江、内蒙古的比重分别为 2.2%、1.1%、1.2%、0.9%,除辽宁外都显著低于平均水平。各省(区)医疗卫生支出占地方财政一般预算收入的比重平均为 6.4%,辽宁、吉林、黑龙江、内蒙古的比重分别为 4.7%、6.2%、6.0%、5.3%,均不及平均水平。

三是养老保险收支缺口不断扩大。作为老工业基地,离退休工人基数大,近几年又进入离退休高峰期。2015 年辽宁、吉林、黑龙江三省赡养比分别为1.79∶1、1.53∶1、1.16∶1,均远低于全国同期 2.88∶1的平均水平。辽宁、吉林、黑龙江三省养老保险基金均已收不抵支，受经济下行、财政减收等影响，基金缺口呈逐年扩大态势。养老保险基金缺口大直接导致了企业缴费率长期偏高，东北三省企业养老保险单位缴费率为20%，远高于广东（14%）、浙江（18%）等省份的水平。

四是继续增加就业仍旧面临较大压力。随着经济增速下行，部分企业职工就业出现不稳定，特别是资源型企业和部分困难国有企业，这就要求更加重视就业再就业工作，建立健全就业服务体系，同时加快调整产业结构，通过大力发展服务业的方式来扩大就业。

第二节　东北地区保障改善民生的思路与重点

前十年的社会民生工作以解决历史遗留问题为主，未来十年改善民生的目标是要逐步赶上全国平均水平。实施振兴战略之前，东北地区由于国有经济比重大，一系列民生社会问题伴随着国企改制的推进而集中出现，包括居民收入降低、下岗人员增多、就业再就业压力持续加大等。实施振兴战略的前十年，针对这些历史遗留问题，国家出台了一系列政策措施，取得了明显成效。就目前情况看，“面”上的历史遗留问题已经得到基本解决，民生社会事业发展态势良好，厂办大集体、养老保险资金缺口等基本集中于“点”上。那么，未来十年，改善民生的目标就不应仅仅局限于解决历史遗留问题。党的十八大提出到2020年城乡居民收入比2010年翻一番，这些目标对东北地区来说既是压力也是动力；未来十年通过东北振兴战略的继续实施，既要巩固在社保、就业等方面的优势，又要在居民收入、公共服务体系等方面赶上全国平均水平，让东北地区成为人民幸福生活的典范。

前十年保障改善民生更多促进了社会和谐稳定，未来十年要把解决民生问题和稳增长、调结构、扩内需结合起来。民生问题关系民心向背、社会和谐和事业兴衰。在前十年的振兴中，东北地区居民收入大幅提高，就业再就业工作成绩显著,社会保障覆盖面稳步扩大,从根本上扭转了"东北现象",有力地促进了社会和谐稳定。在新十年的东北振兴中,保障和改善民生不仅是东北地区加快转变经济发展方式的根本出发点和落脚点,也是建立扩大消费需求长效机制和全面提高人的素质、实现可持续发展的重要途径,对于全面振兴具有战略意义。在新十年中,工作重点应更多转向通过增加城乡居民收入来扩大消费、调整经济结构、稳定经济增长,通过大力发展教育事业来提升劳动者素质、支持新兴产业发展、促进可持续发展,通过建立健全基本公共服务体系来增强人民群众的幸福感、让振兴成果惠及全体东北人民。

前十年解决东北民生问题主要靠国家资金的支持,未来十年则要更加注重挖掘现有的政策潜力和更多引入社会力量。前十年东北振兴工作的重中之重是国企改制以及与此相关的下岗职工安置和就业再就业工作,一系列专门针对东北地区情况的政策措施得以出台,国家层面也支持了相当数量的资金用于这些工作,这是民生社会工作取得显著成绩的重要原因。未来十年,伴随着国企改制的全面完成,东北地区经济社会将进入良性发展轨道,专门针对东北地区民生社会问题的支持政策与资金将趋于减少,通过国家政策资金倾斜来推进民生工作的难度增加;与此同时,厂办大集体改革、提高城乡居民收入等任务依然艰巨。因此,较之前十年,未来十年推进东北民生社会事业发展的难度不是降低了,而是增加了。这就要求更加注重现有政策的挖潜,更加注重既有政策的综合集成,更加注重出台地方性质针对性强的政策,更加注重引入社会力量和采取多元融资方式来解决资金不足的问题。

全面贯彻落实好新一轮东北振兴战略,要做好在民生领域的 5 个方面重点工作:

一是全力解决好人民群众关心的就业、教育、收入、社保、医疗卫生、食品安全等问题,高度重视去产能化过程中的就业促进工作,加快构建完善的社会保障体系,建立普惠、均等、一体化的基本公共服务,使城乡居民普遍享受一致的义务教育、基本医疗卫生服务、社会保障和生态安全,合理分享东北全面振兴成果，实现共享式发展。

二是因地制宜加快推进棚户区、独立工矿区搬迁改造工程，尽快完成东北地区采煤沉陷区治理任务。加强矿区生态和地质环境整治，开展露天矿坑、矸石山、尾矿库等综合治理。

三是实施老工业城市更新改造工程，加大城市基础设施建设与更新改造力度，全面推进老工业区改造，优化城市功能，提高城市综合承载和辐射能力，促进重点城市群发展，提高城市居民生活质量和幸福指数。推进城乡规划、建设和基本公共服务一体化，建设美丽宜居乡村。

四是将资源型城市作为保障和改善民生的重点区域，支持资源枯竭城市、独立工矿区等加快解决社会民生和生态环境方面的历史遗留问题。完善资源型城市可持续发展的长效机制，促进资源产业与非资源产业、城区与矿区、经济与社会协调发展。

五是牢固树立绿色发展理念，支持林区、草原、湿地、沙地等地区生态保护与经济转型，推进清洁生产，构建循环链接的产业体系，打造北方生态屏障和山青水绿的宜居家园。

在这一过程中，要注意处理好以下 3 个关系：

一是处理好政府和市场的关系。真正体现市场在资源配置中的决定性作用，同时更好地发挥政府的作用，让“看不见的手”和“看得见的手”相得益彰。逐步把政府的职能转向重点构建市场环境，吸引企业家到东北投资创业，引导产业、产品和要素按市场信号的指引自由顺畅流动，引导人口从生态地区和农产品主产区有序流出，引导困难地区和困难群众从供需两侧达到就业和人口的新平衡。

二是处理好中央和地方的关系。按照公共财政框架和基本公共服务均等化的要求，明确中央和地方事权，建立事权与支出责任相适应的财政制度，中央政府加快建立全国统一的基本社会保障制度，并在教育、医疗、社会保障等基本公共服务事项上担负更主要的支出责任。改变长期以来在基本公共服务方面，中央确定原则框架,地方根据财力制定实施标准的做法。提高社会保险统筹层次,逐步建立全国统一、流动转接顺畅的社会保险体系,促进劳动力有序流动。通过实现中央和地方财权、事权清晰划分,中央和地方两个积极性充分发挥,引导东北地区地方政府把工作着力点由招商引资、争取优惠政策转移到营造良好发展环境、保障和改善民生上来。

三是处理好行政区和类型区的关系。对于东北三省一区面临的社保欠账,结构调整难度大等共性问题,应加大就业、社保、教育、保障性住房等领域的支持力度,支持省级行政区继续加大解决力度。同时,进一步提高民生工作的精准性和针对性,加大对“老少边贫”和产业衰退、资源枯竭、生态严重退化等特殊困难地区和特殊困难群体的支持力度。对于贫困地区,突出精准扶贫,提高农村贫困人口的自我发展能力。对于边境地区,加快基础设施互联互通和对外开放平台建设,增强自我发展能力。对于少数民族地区和革命老区,结合扶贫政策实行有针对性的援助政策。对于产业衰退和资源枯竭地区,支持独立工矿区、老工业区等加快改造,培育发展新的主导产业,完善衰退产业转型政策,更加关注职工再就业问题。对于生态退化地区和粮食主产区,努力实现生态保护、粮食增产与居民增收和财力增强相结合①。

第三节　大幅提高城乡居民收入

坚持把增加收入作为最核心的民生,合理增加城乡居民特别是低收入群众的收入;坚持把稳定就业作为最根本的民生,继续实施积极的就业政策,推动创业促进就业;坚持把社会保障作为最普遍的民生,不断完善社会保障体系,拓展社会保障覆盖面;坚持把扶贫脱困作为最紧迫的民生,推动人民生活由温饱向更高水平的小康迈进。

---

① 宋晓梧.保障和改善民生是新一轮东北振兴的突出亮点[J].中国经贸导刊,2016(11):46-47.

坚持做大经济蛋糕，在发展中保障和改善民生。大力发展战略性新兴产业、服务业，积极调整经济结构，继续推进体制机制改革，增强经济发展内生动力，努力保持经济平稳较快发展势头，为提高城乡居民收入提供支撑。

坚持富民优先，合理调整分配收入关系。逐步提高居民收入在国民收入分配中的比重和劳动报酬在初次分配中的比重，努力实现居民收入增长和经济发展同步、劳动报酬增长和劳动生产率提高同步。建立企业职工工资正常增长机制、支付保障机制以及工资集体协商制度。提高城乡居民特别是中低收入者收入水平，促进农民持续增收，提高企业退休人员养老金水平，提高扶贫标准、最低工资标准和社会优抚对象待遇水平。鼓励增加经营性收入，创造条件让更多群众拥有财产性收入。建立更加科学合理的收入分配调节机制，努力缩小不同群体、不同地区收入差距。完善公务员工资制度，深化事业单位收入分配制度改革。

第四节　确保养老保险当期支付不出现问题

为保障东北三省退休人员基本生活，减轻企业负担，自 1999 年开始，中央财政首先对三省养老保险基金给予补助，并连续多年给予倾斜性支持，有效缓解了三省养老金支付压力。《中共中央 国务院关于全面振兴东北地区等老工业基地的若干意见》（中发〔2016〕7 号）明确要求，中央财政对企业职工基本养老保险的投入继续向东北地区倾斜，进一步提高企业退休人员基本养老金水平，妥善解决厂办大集体职工的生活困难和社会保障问题。

一是抓紧落实中发 7 号文件，加大转移支付力度。另外，还要采取国有资本经营预算补充社保基金、对缴费困难群体给予专项补助等政策措施，确保社保当期支付不出现问题。

二是进一步加大对厂办大集体改革的支持力度，对厂办大集体改革中地方养老保险核销后增加的养老保险和医疗保险基金缺口、退休职工替企业垫付的各项保险资金、工伤职工伤残津贴、退休人员取暖费等资金缺口给予支持。

三是加快研究推动基本养老金全国统筹,延迟退休年龄、延长缴费年限、规范特殊工种提前退休、建立养老金正常调整机制等顶层设计,并在东北三省先行开展试点。

四是提高省级范围内基金统筹和互济能力,同时努力提升企业盈利和缴费能力,加强征缴,多方筹资,保证养老金发放。

第五节　进一步促进就业和完善基本公共服务体系

实施更加积极的就业政策,多渠道开发就业岗位。鼓励自主创业,促进充分就业。健全统一规范灵活的人力资源市场,为劳动者提供优质高效的就业服务。加强职业培训和择业观念教育,提高劳动者就业能力,解决高校毕业生、农村转移劳动力、城镇就业困难人员就业和农民工技能培训等问题,保持零就业家庭动态为零。认真做好农村转移劳动力、残疾人等重点人群就业工作,重点解决“三少民族”、林区垦区转岗职工、“就业困难对象”等特殊群体的就业安置。加强劳动执法,完善劳动争议处理机制,改善劳动条件,保障劳动者权益。发挥政府、工会和企业作用,努力形成企业和职工利益共享机制,建立和谐劳动关系。优先发展教育事业,全面推进素质教育。积极发展学前教育,加快建立广覆盖、保基本、有质量的学前教育公共服务体系;巩固提高“双高普九”成果,促进义务教育均衡发展,加快普及高中阶段教育;完善职业教育管理体制和机制,大力发展职业教育和职业培训;以重点城市为依托,加快发展高等教育;支持民族地区教育和特殊教育发展。

加快建立覆盖城乡居民的公共卫生服务体系、医疗服务体系、医疗保障体系和药品供应保障体系。建设好中心医院、县医院和乡镇卫生院,积极稳妥推进公立医院改革,探索形成各类城市医院和基层医疗机构合理分工和协作格局。鼓励社会资本以多种形式兴办非营利性医疗机构,满足群众多样化医疗卫生需求。

坚持广覆盖、保基本、多层次、可持续的方针，加快推进覆盖城乡居民的社会保障体系建设。实现新型农村社会养老保险制度全覆盖，完善城镇职工和居民养老保险制度，健全覆盖城乡居民的基本医疗保障体系，健全基本养老保险和医疗保险关系转移接续制度，发挥商业保险的补充作用，建立全民大病保障制度。加快推进各类保险、基金区域和城乡“一卡通”，实现群众就地就近办理。健全城乡困难群体、特殊群体、优抚群体的社会救助保障机制。

继续实施城市保障性住房和农村危房改造工程，加大经济适用房、廉租住房、公共租赁房等保障性住房建设和棚户区改造力度，形成多层次的住房保障体系，满足更多中低收入家庭住房需要。培育壮大老年服务事业和产业，推进高标准养老院建设，加快建设残疾人康复中心。

第九章

9

协同：优化空间布局是务实之策

第一节　东北地区总体空间发展格局之困

东北地区共包括41个地级以上行政单元。受历史影响，东北地区人口和产业在空间上均高度集中在哈大轴线上。2016年沈阳、大连、哈尔滨、长春四座城市以占东北地区13%的国土面积贡献了东北三省经济总量的53.4%，集中了34%的城市、50%的城市人口和88%的特大城市，1990—2008年城市人口增量占东北地区的56%，城市规模成长明显快于外围地域；而占地区总面积87%的东西两翼以及北部边远地区城市数量少、规模等级低，仅有一个超过100万人的特大城市，人口集聚方向不明，城市规模成长缓慢。东北东部地区国土面积占东北全域的30%，却仅贡献了东北经济总量的13%，东北西部地区和蒙东五盟市经济总量也很小。

表9.1　东北地区行政区划统计表

省　区	地级市合计	县合计	区	县级市	县	自治县
辽宁省	14	100	56	17	19	8
吉林省	9	60	20	21	16	3
黑龙江省	13	132	68	18	45	1
蒙东五盟市	5	51	5	10	33	3
合　计	41	343	149	66	113	15

资料来源：根据中国统计年鉴整理。

一、发展现状

（一）中心城市集中度高，但缓慢下降

东北地区的沈阳、大连、长春、哈尔滨四城市人口空间集聚能力非常强，主导着地区城市规模体系的演化。1995—2004年，四市GDP占东北三省的比重

从35.20%提高到48.66%，呈现比较显著的中心城市极化现象。2005—2014年，四市GDP占东北三省的比重从48.66%下降到45.17%，中心城市的集中度缓慢下降①。

（二）哈大轴线稳定性强，占比回升

哈大发展轴是东北地区人口和经济最为集聚的区域，从近20年来哈大发展轴地区生产总值占东北地区的比重来看，在振兴政策实施之前，哈大轴线占比总体上呈上升态势，到2004年达到了60.7%。此后，2005—2009年都保持在60%左右的高位，2014年哈大发展轴的经济占比为58.6%，2016年已接近60%。对东北地区而言，哈大发展轴经济增长的稳定性相对较强，特别是在经济下行中发挥了中流砥柱的作用。

（三）辽宁沿海地区增长缓慢，降幅较大

辽宁沿海经济带在近年来经济发展中表现较为一般，2014年以来6市合计GDP增速比东北地区平均增速低约2个百分点，不仅没能成为东北地区经济增长的重要支撑，而且下行速度快于整个区域。这其中是由于辽宁沿海经济带战略实施以来，基础设施、产业园区的大量投入还没能形成产出，一些投产的钢铁、化工项目受行业整体形势的影响，发展状况不够理想。同时，在开发建设过程中形成的大量地方债务也需要消化，制约了地方政府投资能力。

（四）沿边地区降幅较窄，但体量较小

沿边地区近年来经济发展呈现出较好的态势，2014年沿边地区经济增长速度为9.36%，比东北地区总体经济增速高2.5个百分点，这得益于近年来国家对沿边开放战略的重视。2009年国务院批复了《中国图们江区域合作开发规划纲要》，2013年8月国家发展改革委出台了《黑龙江和内蒙古东北部地区沿边开发开放规划的通知》，2013年12月国务院出台了《关于加快沿边地区开发开放的若干意见》，2015年备受关注的《推动共建丝绸之路经济带和21世纪海上

① 马克，黄文艺.中国东北地区发展报告（2014）[M].北京：社会科学文献出版社，2014.

丝绸之路的愿景与行动》提出要建设中蒙俄经济走廊。这些政策文件在基础设施、对外贸易、产业政策等方面对沿边地区发展产生了积极促进作用，使得沿边地区的经济发展情况在此次经济下行中好于其他地区。但东北沿边地区总体发展水平相对较低，经济总量仅占东北地区的10.8%，人口仅占东北地区的8.7%，相当一段时期内，尚很难从根本上改变东北地区经济发展的基本面。

（五）区域差距缩小，发展水平趋于均衡

对东北地区41个地级行政单元人均GDP差异进行分析，采用变异系数和基尼系数来进行评价，结果发现，2003年以来变异系数和基尼系数均不断下降。这表明，2003年以来，东北地区内部的区域发展差距有所缩小，区域发展呈现出均衡化态势。不仅如此，根据有关研究，东北地区内部的区域差异小于我国其他三大板块。从区域差异变化的过程看，2003、2009、2012年区域差异缩小的幅度较大，可能与该年度的宏观政策有密切关系，变异系数和基尼系数均有大幅下降。而2012年以来区域差异呈现出较为稳定的态势。对比2003年和2013年的统计数据可以发现，长白山地区、松辽平原地区、边境地区经济发展水平得到提升。而截至目前，东北地区的欠发达地区主要分布在东北三省和内蒙古自治区的交界地区、辽西北、黑中北地区，这些地区交通条件较为落后，工业不发达，人口密度较小①。

（六）都市圈扩散驱动的网络化趋势初现

从区域空间结构上看，辽中南、哈长等城市群发育加速。目前，东北最主要的城市群有4个，即辽宁中部城市群、辽宁沿海城市群、哈大齐工业走廊和吉林中部城市群。辽宁中部城市群包括沈阳、鞍山、抚顺、本溪、营口、辽阳、铁岭、阜新等城市；辽宁沿海城市群是以大连为中心，随着沿海经济带的建设而凸显出

---

① 赵林，王维，张宇硕，等.东北振兴以来东北地区城市脆弱性时空格局演变[J].经济地理，2014，34(12)：69-77.

的城市群;哈大齐工业走廊包括哈尔滨、大庆、齐齐哈尔、肇东、安达等城市,是黑龙江省工业化水平最高的地区;吉林中部城市群包括长春及周边的吉林、辽源、松原、四平等城市,是长吉图区域发展的核心腹地。从城市群的形态上看,东北地区呈现出以沈阳、大连、长春、哈尔滨为中心的都市圈形态,城市群尚处在发育期。这 4 个都市圈内部分工协作相对密切,但相互之间还未形成一个有机整体,缺乏经济合作,特别是在各类要素上还出现相互竞争格局。未来有必要对这 4 个都市圈进一步整合,促进分工协作,积极发展中小城市,构建合理的城市等级规模结构,引导人口和经济要素有序集聚扩散,形成哈长和辽中南两大城市群。

随着中心城市向外辐射和扩散的动力加大,特别是与周边地区的同城化、一体化步伐加快,重大交通基础设施的建设加快推进,如沈阳与周边七城市相连接的沈铁、沈抚、沈本、沈辽鞍营和沈阜规划建设 5 条城际连接,哈大高速铁路建成通车后,东北地区中心城市之间的时间距离被大大缩短。同时随着东边道、京沈高铁等重大交通基础设施的建设,哈大发展轴以外地区交通条件得到很大改善,沿边地区开发开放步伐加快,东北地区空间结构正在从以哈大通道为轴线、以中心城市为支点的点轴结构转变为以哈大通道、沿海通道、沿边通道为轴线,以城市群地区为支撑的网络化格局。

二、存在的问题

(一)中心城市之外的其他城市发展缓慢

在人口向沈阳、大连、长春、哈尔滨四大城市不断集聚的同时,区域次级中心城市(鞍山、抚顺、吉林、齐齐哈尔、大庆等)的人口增长较为缓慢,甚至出现在城市规模版图中增长作用有所弱化的趋势。

(二)城镇化缓慢,城镇的人口吸纳能力不足

2005—2014 年,东北地区城镇化率由 55.15%提高到 60.83%,增长 5.68 个

百分点，增幅低于全国 6.09 个百分点。

（三）新增城镇人口少，城市群在全国的地位下降

东北地区新增城镇人口数量较少，城市发展缓慢，老工业基地振兴、资源型城市转型任重道远，2000—2010 年东北三省新增城镇人口 745 万人，城镇人口占全国的比重从 10.55%下降到 8.91%，下降 1.64 个百分点，其中吉林省城镇化速度全国最低，2005—2014 年共新增城镇人口 83 万人，每年新增城镇人口仅为 8.3 万人，哈长城市群、辽中南城市群的城镇人口规模也增长较慢。

（四）中心城市在全国城市体系中地位持续下降

中华人民共和国成立以后至改革开放前，东北地区的主要城市在全国地位突出，沈阳、大连、长春、哈尔滨的经济体量在全国城市中长期位居 4~8 位，辽中南地区一度是我国城镇最为密集的地区之一。改革开放以后，沈阳、大连、长春、哈尔滨的位次不断被其他城市超越，也被苏州等地级城市超越，1978 年，长春、哈尔滨、沈阳、大连 GDP 在我国地级以上城市分列第 5、6、7、9 位，四市 GDP 加总超过了北京和天津之和，而 2003 年分别下降到 25、22、18、17 位，整体下滑了 10 位以上，2014 年，大连、沈阳、哈尔滨、长春 GDP 分别位列全国 14、18、25、26 位。

（五）区域分化较为明显

东北地区区域发展分化比较明显，在三省层面、在中心与外围之间等多个层面都存在着较为显著的分化，这种分化对东北地区未来发展带来了一些问题。一是三省发展分化明显，黑吉两省发展相对较慢。实施振兴战略以来，辽、吉、黑三省发展出现分化，黑龙江省发展相对较慢，主要经济指标占东北三省的比重均明显下降。黑、吉两省也反映过去十多年振兴战略的最大获益者是辽宁省，目前两省发展状况与辽宁省差异巨大。二是哈大发展轴内部发展不平衡。就现状来看，哈大发展轴是不平衡、不连续的，其中沈阳—大连段是传统的强段，哈尔滨—长春段近年来表现为较强的增长性和集聚性，而四平至铁岭一带

则始终是哈大发展轴上城镇化和经济增长的低谷区，一定程度上形成了断裂，这也阻碍了辽中南地区向哈长地区的辐射带动，导致哈长地区与辽中南地区相对自成体系，产业合作不够密切①。

（六）滞缓衰退地区转型步伐艰难

东北地区资源型城市种类多、数量大，超过 1/3 的城市为资源型城市。尽管过去十多年资源型城市转型取得一定成效，解决了企业破产、下岗失业、社会保障、棚户区改造等紧迫问题，资源枯竭城市和独立工矿区转型发展仍然面临一些突出问题。经济发展主要依赖于资源型、劳动密集型产业，污染重、高耗能等行业还占有较大比重，接续和替代产业培育十分缓慢，缺乏骨干项目支撑，要素集聚能力较弱，发展前景存在不确定性。经济转型的内生动力不足，较依赖国家的援助性政策、资金和项目，历史遗留的体制机制问题仍未彻底排除。矿山地质灾害隐患多，生态环境治理任务繁重。基础设施建设滞后，支撑保障能力不足。从各地区横向比较来看，资源型城市仍是经济社会发展最落后地区，与发达地区的差距还在扩大。

表 9.2　东北地区资源型城市及类型

城　市	资　源	类　型	城　市	资　源	类　型
呼伦贝尔	煤炭	成长型	辽源	综合	衰退型
松原	油气	成长型	白山	综合	衰退型
赤峰	煤炭	成熟型	伊春	森工	衰退型
本溪	冶金	成熟型	鹤岗	煤炭	衰退型
吉林	森工	成熟型	双鸭山	煤炭	衰退型
黑河	森工	成熟型	七台河	煤炭	衰退型
大庆	油气	成熟型	鞍山	冶金	再生型

① 甘静，郭付友，陈才，等.2000 年以来东北地区城市化空间分异的时空演变分析[J].地理科学，2015，35(5)：565-574.

续表

城　市	资　源	类　型	城　市	资　源	类　型
鸡西	煤炭	成熟型	盘锦	油气	再生型
牡丹江	森工	成熟型	葫芦岛	冶金	再生型
阜新	煤炭	衰退型	通化	冶金	再生型
抚顺	煤炭	衰退型			

资料来源：根据《全国资源型城市可持续发展规划（2013—2020年）》整理。

第二节　东北地区优化总体空间的总体思路

新一轮东北振兴，应通过培育新的经济增长极和增长带来打破既有的空间结构，通过增强城市功能特别是中心城市能级，来提升对高端要素的集聚能力，提升新经济形态的发展能力。同时要把对内对外开放放在突出位置，通过多形式、多内容的交流合作，改善东北地区地缘格局。

一、东北地区空间格局走向的主要判断

（一）沿海地区的发展潜力和集聚能力仍有进一步发挥的空间

从东北地区的整个格局来看，辽宁沿海地区的交通区位、要素配比、自然气候等都具有明显优势。从全球范围来看，人口和经济在沿海地区相对集聚分布是较为普遍的规律，而东北地区沿海市县的经济占比尚不高，集聚能力还有进一步释放的空间。目前，辽宁沿海地区的发展已经起步，在新城建设、产业园区、港口设施等方面已投入巨资，正处在由投入向产出转化的关键时期，但本轮经济下行使这一进程停滞，反而政府债务负担较重，巨额投入难以实现效益转化。如果采取适当途径，支持沿海地区渡过难关，可起到“四两拨千斤”的作用。

（二）沿边地区将在一定时期内保持较快的增长速度，但经济体量仍较为有限

近年来东北沿边地区的经济增速快于整个东北地区，随着“一带一路”倡议的深入实施，特别是中蒙俄经济走廊等的推进，沿边地区将在基础设施、产业政策、对外贸易等方面得到持续的支持，经济增长的持续性和稳定性将进一步增强。但由于沿边地区人口稀少，从长期看，东北沿边地区的发展在体量上将存在某种上限，不足以扮演支撑东北地区经济发展的重要角色。

（三）中心城市仍将发挥重要引领作用，但将逐步从过去的“垄断式”集聚转向有机扩散辐射

尽管近年来沈阳、大连、长春、哈尔滨4个中心城市在东北地区的经济占比有所下降，但在产业层次、服务功能、人才科技等方面仍具有相对突出的比较优势，另外在行政体制上的优势地位也使得中心城市更容易获得有关政策和投资，因此未来将维持比东北地区基本面略好的经济增长态势。但随着体制机制改革、市场机制深化等大环境影响，中心城市将改变过去的“垄断式”集聚态势，一般性生产部门和功能将会向外转移，腾出笼子专注于相对高端的产业部门或功能，从而在空间上呈现出城市群或都市圈的快速发展。

二、东北地区空间布局的总体思路

展望新时代，客观上东北地区的发展在空间上应由线状向网状发展，要以中心城市为核心，以省级重要经济区建设为支撑，系统集成铁路、公路、水运、空运、管道的东北交通优势，加快构建“一轴三带六组团”的“丰”字型空间发展格局，在此载体上优化复合现代产业、城镇体系、生态文明相融合的特色经济支撑带。这种“丰”字型空间发展格局，就是要发挥哈大主轴线对东北振兴的辐射带动作用，以哈大综合交通走廊为纽带，以辽中南、哈长两个城市群为主体，以沈阳、大连、长春、哈尔滨4个都市圈为重要节点，以若干中小城市为支撑，建设体现东北地区发展高度、具有国际竞争力的制造业产业带和引领周边地区发展、

城镇高度密集的核心发展带①。其中，哈大发展轴主要发挥强化内部联系、优化经济地理格局的主通道作用，两个城市群主要发挥加强分工合作、释放集聚效应、提高整体竞争力的作用，4 个都市圈主要发挥体现区域发展高度、参与全国全球竞争的枢纽作用及向东西方向辐射带动的节点作用。

（一）一轴

哈大发展轴一直是东北地区经济发展主轴线，涵盖了东北地区主要城镇，工业化城镇化水平总体较高，高速公路、高速铁路等基础设施较为完备。当前，尽管东北地区发展速度放缓，但哈大发展轴在东北地区的经济占比仍有缓慢上升，显示出其在东北地区较强的支撑能力，发挥着“稳定器”作用。

哈大发展轴，一是应进一步提升交通设施水平和现代化程度，增强综合运输能力，降低东北地区内部各板块间的交易成本，促进经济要素流动和产业分工协作。二是考虑到东北地区在我国粮食安全和生态安全中的特殊地位，应进一步促进哈大发展轴人口和产业集聚，为其他地区农业生产和生态保护留出空间。三是应加快哈大发展轴上的后发地区的发展，避免出现断裂点，打造形成经济和人口密集的城市带、产业带，进一步优化东北地区的经济地理格局。

（二）两群

（1）辽中南城市群

强化沈阳、大连中心城市功能，加强综合服务功能和辐射带动能力，强化科技创新、技术研发、金融服务、自由贸易等功能，将沈阳建设成为国家中心城市，将大连建设成为东北亚国际航运中心和国际物流中心，增强节点城市综合实力。把辽中南城市群建设成为东北地区对外开放的重要门户和陆海交通走廊，全国先进装备制造业和新型原材料基地，重要的科技创新与技术研发基地，辐射带动东北地区发展的龙头。

---

① 王士君，宋飏，姜丽丽，等.中国东北地区城市地理[M].北京：科学出版社，2014.

(2)哈长城市群

依托哈长地区重要通道、资源综合承载能力、城镇分布形态和产业基础,强化哈尔滨和长春两个核心集聚功能,沿哈长、哈大齐、长吉图3个发展轴,构建哈大齐绥、吉林中部两大城镇组团,提升中小城市的节点城市功能,促进组团之间、城市之间的分工协作、基础设施互通互联,形成"双核、三轴、两组团"的城市群空间格局,创新城市群发展体制机制,打造成为东北振兴新平台、向东北亚地区开放的重要门户、新型城镇化先行示范区、东北老工业基地转型示范区。

(三)四圈

打造东北经济新支撑带,现阶段应以都市圈为主体形态,推进沈阳、大连、长春、哈尔滨4个都市圈建设,增强都市圈中心城市与周边城市的设施互通、产业协作、要素流动,强化4个都市圈向东西两个方向辐射的节点作用,使4个都市圈成为增强东北经济新支撑带"以带促面"的辐射中心。

(1)沈阳都市圈

以沈阳为中心,以鞍山、辽阳、抚顺、本溪、铁岭、阜新为支撑打造沈阳都市圈。深化沈阳经济区新型工业化综合配套改革,促进工业化和信息化融合。推进沈阳国家中心城市建设,支持沈抚新区建设东北地区改革创新示范区。以沈阳市为核心,推进沈抚同城化、沈本一体化、沈铁一体化、鞍辽一体化,加快城际连接带建设。以国家级开发区为主体,加强主导产业园区建设,创建新型工业化示范区和竞争力、影响力较强的产业集群。

(2)大连都市圈

以大连为中心,以营口、盘锦、葫芦岛、丹东等为支撑,打造大连都市圈。发挥沿海经济带区位和先发优势,突出大连东北亚国际航运中心、国际物流中心、区域性金融中心带动作用,加快建设产业结构优化的先导区、经济社会发展的先行区。推动金普新区建设取得实质性进展,形成有利于增强市场活力、开放动力的制度体系。规范沿海新城区建设,有序引导化解遗留的政府债务。推动港口资源整合,拓展港口物流等服务功能,大力发展临港经济,积极融入"辽满欧”“辽蒙欧”综合交通运输大通道和北极东北航道建设。

(3)长春都市圈

以长吉大都市区为中心，以四平市、辽源市、松原市为支撑，打造长春都市圈。强化长春市核心交通枢纽和经济、金融、科教等综合服务功能，构建组团式大城市，引导城市功能和产业向卡伦、奢岭、合隆、范家屯、米沙子、大岭等周边卫星镇转移，提升农安、九台、德惠、伊通、公主岭等卫星镇服务水平。扎实推进长吉一体化，着力做强北线制造业合作和南线休闲旅游合作，做大做强九台节点城市，加快发展双阳、岔路河、口前等节点区(镇)。

(4)哈尔滨都市圈

以哈尔滨为中心，以大庆、齐齐哈尔、绥化为支撑，打造哈尔滨都市圈。强化哈大、哈大齐“T”字形交通通道支撑能力，促进哈大齐联动发展。大力发展外向型产业，打造全国对俄合作服务中心和国际物流枢纽，加快劳动密集型加工业向外转移。加快科技研发和人才教育基地建设，促进生产性服务业专业化、市场化、规模化发展。依托高端装备制造产业园区、科技创新城等，打造制造业价值链的高端产业集聚区。建设东北亚具有重要影响的现代化都市圈，高端制造业、现代服务业集聚区，国家对俄开放桥头堡和枢纽站。

第三节　东北地区优化空间布局的重点任务

一、全面增强中心城市辐射带动能力

以沈阳为重点，加快建设国家中心城市，推动大连、长春、哈尔滨等中心城市依托战略性功能区加快发展，带动东北地区城镇体系能级的整体性跃迁，重塑东北地区中心城市在全国的地位。

一是支持沈阳国家中心城市建设。进一步强化沈阳在全国大的发展格局

中的重要地位和作用,大力提升国家综合性门户功能,建成立足东北、服务全国、面向东北亚的现代化大都市。强化交通中心功能。打造东北亚大型航空枢纽,建设全国铁路路网中心、全国高速公路网重要中枢。强化信息中心功能。加快区域信息中心及电子商务服务体系建设,大力发展"物联网",建设面向未来的全国智慧城市典范,推动沈阳成为国家重要的大数据中心,打造全国信息枢纽港。强化商贸流通中心功能。积极推进商贸流通业高端化、现代化发展,构建便捷的区域物流和国际物流网络体系,建立功能完备的大宗商品消费和服务市场,建设国际会展商贸城,打造东北地区商品集散中心,加快完善立足东北、辐射全国的要素市场体系,大幅提高对资金、商品、技术、信息、人才等经济要素的吸引力、输出力和支配力。

加速推进沈阳经济区一体化发展,逐步打破行政区划,构筑统一市场,形成沈抚共同体。加快推进基础设施、产业发展、空间布局、要素市场、公共服务、生态环境等重点领域的一体化,打造快速便捷的城际轨道交通系统,形成沈阳经济区合理的区域分工。加速推进以沈阳为中心的五大城际连接带新城新市镇建设,带动沈阳城市空间布局和城市外围空间形态的优化,将城际连接带建设成为联结 8 个城市的交通带、城镇带和经济带。优化城市空间布局。深入实施东西南北中主体功能区战略,进一步做优发展空间。大力发展东部生态文化旅游和汽车产业;西部先进装备制造业、汽车产业和现代建筑产业;南部高新技术产业和现代航空产业;北部战略性新兴产业和农产品深加工产业;中部现代服务业,特别是金融产业。

二是发挥中心城市引领作用。充分发挥大连在东北地区对外开放的龙头作用,设立大连国家级新区,增强辐射带动作用。加快大连东北亚国际航运中心、国际物流中心、区域性金融中心和现代产业聚集区建设。充分发挥大窑湾保税港区功能,发展保税贸易和离岸贸易,开展期货保税交割业务试点。建设国家软件与服务外包产业试验区。强化长春的科技创新和综合服务功能,建设成为东北地区重要的中心城市、东北亚区域重要的物流枢纽中心、高新技术产业基地、创新基地和科教文化名城。加快建设长春兴隆综合保税区。提升哈尔滨东北地区重要的中心城市功能，发挥其在对俄合作中的枢纽作用，建设成为东北亚区域重要的商贸中心、交通枢纽和国际冰雪文化名城。推动哈尔滨国家服务外包示范城市建设，支持中俄信息产业园发展。

三是进一步增强中心城市向次级城市的辐射带动。着力培育若干产业基础好、交通区位优、发展潜力大的次级城市，使之成为辐射带动一定区域的区域性中心城市。针对目前中心城市过多集聚产业要素、与次级城市一定程度上存在竞争关系的状况，未来加强中心城市和次级城市的分工定位，促进中心城市向次级城市辐射带动。增强大连对辽宁沿海地区的辐射，提高沿海地区城市发展能力。促进沈阳部分功能向周边城市辐射和扩散，通过一体化发展提升周边城市的发展水平。发挥哈尔滨、长春对哈长城市群的带动作用，加快哈长城市群内部次级城市发展。

二、全面拓宽对外开放的平台和通道

一是构建互联互通国际通道。依托经绥芬河、满洲里与俄西伯利亚铁路连接的中俄国际通道，完善境内相关铁路、公路网络，重点建设密山、同江、黑河、洛古河、黑山头、室韦口岸铁路，规划建设建三江—抚远、吉林—黑河、海拉尔—满洲里、洛古河—漠河等公路通道及珲春—圈河、室韦—拉布拉林口岸公路，加快中国同江—俄罗斯下列宁斯阔耶铁路大桥，黑河、洛古河、东宁跨境桥梁，黑河、萝北、嘉荫、漠河等浮箱固冰通道建设。

依托经二连浩特、蒙古国乌兰巴托与俄西伯利亚铁路连接的中蒙国际通道，重点加快推进中蒙“两山”（中国阿尔山至蒙古乔巴山）铁路建设，形成俄罗斯赤塔—蒙古乔巴山—中国阿尔山—白城—长春—图们的俄蒙中通道，建设珠恩嘎达布其、满都拉、甘其毛都口岸铁路，研究推动将瓦窑—吉兰泰—乌海铁路纳入铁路中长期发展规划。以建设大连东北亚国际航运中心为目标，整合辽宁沿海港口资源，全面对接21世纪海上丝绸之路，完善大连至日韩，大连至美洲，大连至大洋洲,大连—东南亚—印度洋、地中海—欧洲,大连—东南亚—印度洋—非洲海上通道。畅通东北地区面向日本海的出海通道,促进陆海和江海联运的常态化运营。开辟珲春(中)—扎鲁比诺(俄)—札幌、神户、横滨(日),珲春(中国)—扎鲁比诺(俄)—摩尔曼斯克(俄),珲春(中国)—扎鲁比诺(俄)—旧金山(美)等北极航线。进一步培育沈阳机场的区域枢纽机场地位,增强哈尔滨机场面向远东地区、东北亚地区的门户功能,提升长春机场和大连机场辐射能力。新建抚远、绥芬河、霍林郭勒等支线机场。建设一批通用机场,与支干线形成有效衔接。增加主要枢纽机场远程国际航线和班次,支持沿边重点城市建设航空口岸,开通国际航线。

二是提升重点沿边城市的支撑能力。发挥沿边、沿海、沿江的区位优势和东北东部地区出海通道的作用,提升城市功能,推进丹东市区与东港市一体化,建设商品生产、商贸物流和出口加工基地,发展边境旅游。依托珲春国际合作示范区建设,打造集出口加工、境外资源开发、生产服务、国际物流、跨国旅游等于一体的经济功能区。推进延(吉)龙(井)图(们)一体化。研究设立绥芬河重点开发开放试验区,强化绥芬河的对外开放窗口作用,增强对俄的贸易集散地功能,大力发展国际物流业和旅游业,利用境外资源发展加工产业,建设出口加工贸易基地。推动绥芬河、东宁一体化发展,重点发展绥芬河综合保税区、经济开发区,以及东宁经济开发区。推动建设中俄黑河—布拉戈维申斯克“双子城”,发展旅游业和物流业,促进文化教育交流与合作,将黑河建设成为东北北部沿边生态宜居城市和中俄友好示范城市。重点推动界江桥梁建设,提升口岸功能。发展边境经济合作区、俄电贸易加工区等。加快建设满洲里重点开发开放试验区,完善口岸功能,扩大与俄商贸物流合作,利用境外资源发展加工产业,发展商务休闲旅游,建设特色城市,提升综合实力,将其建设成为欧亚大陆桥上的重要枢纽。巩固二连浩特对蒙古国合作中的桥梁和平台作用,拓展口岸综合贸易,发展进口资源加工产业,提升服务功能,将其建设成为我国北方重要的国际贸易物流、进出口加工和跨境旅游基地。

三、加强与京津冀、山东半岛等区域合作

统筹考虑京津冀、山东半岛和东北地区发展，推动形成更大地域范围的分工协作格局，减少人为扭曲要素配置规律而形成的恶性竞争和不平等竞争。

一是支持东北有条件的地区承接北京功能疏解。争取将京津冀协同发展的政策、项目等向东北地区延伸。加强北京与东北地区的产业合作，积极引进北京高端优质要素，支持中关村等在东北地区设立分区分园，引导北京金融、科技、创新资源向东北地区外溢辐射，融入东北地区产业结构，支持北京科研机构、金融机构开展面向东北地区的研究课题和业务设计。

支持东北地区承接北京非首都功能，北京的科研、教育、医疗、商贸等机构在向外疏解过程中，要把东北地区考虑进去，通过积极承接北京的公共服务资源，提升完善东北地区城市功能，增强对人才的吸引能力和对产业的支撑能力。

加强与天津、河北产业分工合作，进一步梳理重大生产力布局，有效化解天津、河北与东北地区产业重构、竞争现象，符合东北地区比较优势的国家重大项目选址，适当向东北地区倾斜。

二是增强环渤海地区向东北地区辐射延伸。完善对外贸易大通道和海陆通道建设，加强黑吉两省与环渤海地区主要港口联系，在原有哈大通道的基础上，开展第二通道、第三通道可行性研究，增强东北地区次级轴线城市出海能力，促进黑吉两省全面融入“一带一路”，改善两省地缘区位，提升两省开放水平。支持黑吉两省在辽宁沿海及其他渤海港口设立临港飞地经济园区，创新合作机制，增强内陆城市发展能力，支持辽宁沿海城市及津冀沿海城市在黑吉两省城市设立合作共建园区，形成沿海内陆双向互动的发展模式。

三是加强东北地区与山东半岛合作。加强山东半岛与东北地区在面向日韩方面的产业合作，积极共同参与中韩自贸区建设，支持山东半岛较为成熟的日韩资及其他外资产业新增产能向东北地区转移，形成成熟完善的外向型经济网络。促进山东半岛部分产业依托既有社会关系网络向东北地区转移，带动东

北欠发达地区发展的同时，促进山东半岛腾笼换鸟。

论证大连—烟台跨海通道建设，缩短东北地区与山东半岛经济和人文交流的时空距离，降低运输成本，促进各类要素和市场合作，促进哈大发展轴向山东半岛延伸对接，共筑腹地广阔、支撑力强、跨海联动、合作密切的经济区，形成支撑我国北方地区的重要的制造业密集带。

四、加大对特殊类型地区的精准支持力度

一是增强老工业城市综合承载能力。优化老工业城市功能，合理布局产业、生活和公共服务功能区。统筹地上地下市政公用设施建设，加大给排水、供气、供热、雨水收集管网和道路等更新改造力度，完善污水垃圾处理设施。鼓励利用特许经营、投资补助、政府购买服务等方式，改善城市基础设施的薄弱环节。加强城市综合管理，提高信息化和精细化管理水平，建设智慧城市。引导全国特大型、综合性老工业城市加快转变发展方式，提升综合服务功能，增强中心城市辐射带动作用。支持其他大中型老工业城市加快调整改造，完善城市功能，提高综合经济实力，构建区域协调发展的重要支点，扶持其中发展潜力大、地理位置重要的老工业城市建设省域副中心。支持沈阳等地打造成为老工业基地调整改造示范城市。

二是推进城区老工业区搬迁改造。加强指导和支持，积极稳妥推进城区老工业区搬迁改造。统筹考虑城区老工业区发展定位和区内企业清洁安全生产水平、经营状况，对企业分别实施异地迁建、就地改造和依法关停。老工业区搬迁改造要与加快棚户区改造和加强城市基础设施建设相结合，企业搬迁要与技术改造和改制重组相结合、与老工业区更新改造和产业承接地建设相结合，促进城区老工业区调整产业结构、完善功能布局、修复生态环境和改善民生。落实好城区老工业区搬迁改造指导意见，通过相关投资专项和财政资金予以倾斜支持，积极拓宽筹资渠道，加大土地政策支持。

三是促进资源型城市可持续发展。加快完善资源型城市可持续发展长效

机制，促进资源产业与非资源产业、城区与矿区、经济与社会协调发展。深入推进资源枯竭城市转型，大力发展接续替代产业，加快解决民生和生态环境方面的历史遗留问题，鼓励富余生产能力和人员向资源环境综合承载能力较强的新兴资源开发地区转移。完善资源枯竭城市转型绩效年度考核评价制度，完善分类指导、滚动推进的转型政策支持机制，支持转型成效显著的城市创建可持续发展示范市。促进资源富集地区可持续发展，选择典型资源富集地区开展可持续发展试点。研究建立资源开发与城市可持续发展协调评价制度，重大矿产资源开发要与城市空间布局、民生改善、生态环境保护、接续替代产业发展、地质灾害防治等进行协调性评价。加快资源型城市可持续发展立法工作。

四是大力支持独立工矿区改造转型。统筹规划，积极稳妥地推进独立工矿区改造搬迁工程，切实改善矿区基本发展条件和居民基本生活条件。对发展基础和承载力相对较好的地区，实施就地改造，重点加强基础设施和接续替代产业发展平台建设，带动居民生活条件改善和收入增加。对地处偏远、资源枯竭、不适人居的地区，有序实施异地搬迁安置，配套建设基础设施和公共服务设施，从根本上改善生产生活条件。支持独立工矿区开展转型试点，积极探索格局特色的转型模式。建立和完善中央、省、市三级改造搬迁投入机制，引导和带动社会资本参与独立工矿区转型。力争用10年左右的时间基本完成独立工矿区改造搬迁任务，大幅增强自我发展能力，显著改善公共服务水平和居民生活水平。

五是加快林区和垦区改革转型。组织实施好大小兴安岭和长白山林区生态保护和经济转型规划。在东北地区开展国有林区综合配套改革试验。加快国有重点林区的行政管理、森林资源管理和企业经营分开改革，卸除历史包袱，增强林区发展活力。深化国有林权制度改革和国有森工企业改革，稳步推进国有林场改革。调整林区局场和城镇布局，撤并部分分局场，促进林区人口集聚。推动林业转移人口再就业。将林区公路按属性纳入相关省（区）公路网规划，林区电网纳入地方电网管理运营，加大建设支持力度。加快林区产业升级，大力发展林下经济，推进林业资源循环利用，全面提升绿色食品等优势产业，积极培育生态旅游等新兴产业。继续安排中央预算内投资支持林区发展接续替代产业,实施“代木能源”工程。研究支持重点国有林业局和森工城市开展生态保护与经济转型试点。充分发挥垦区引领示范作用,进一步理顺农垦系统政企、社企关系,提高垦区公共服务水平,深化农垦企业改革,鼓励农垦为地方农业发展提供专业化服务。

展望篇

1978—2018

第十章

10

涅槃：新一轮东北振兴前景展望

第一节　新一轮东北振兴的发展目标

按照中共中央、国务院对东北老工业基地发展的总体部署，推进新一轮东北振兴有两个阶段性目标。第一阶段是到2020年，东北地区在重要领域和关键环节改革上取得重大成果，转变经济发展方式和结构性改革取得重大进展，经济保持中高速增长，与全国同步实现全面建成小康社会目标。产业迈向中高端水平，自主创新和科研成果转化能力大幅提升，重点行业和企业具备较强国际竞争力，经济发展质量和效益明显提高；新型工业化、信息化、城镇化、农业现代化协调发展新格局基本形成；人民生活水平和质量普遍提高，城乡居民收入增长和经济发展同步，基本公共服务水平大幅提升；资源枯竭、产业衰退地区转型发展取得显著成效。这一阶段的核心目标是与全国同步实现全面建成小康社会。

《东北振兴“十三五”规划》对到2020年的振兴目标作了进一步明确：

——经济保持持续健康发展。地区生产总值再上新台阶，城乡居民人均收入比2010年翻一番，主要经济指标平衡协调，发展质量和效益明显提高。全员劳动生产率年均增长6.2%，投资效率和企业效益明显提升，综合经济实力显著提高，为东北地区走进全国现代化建设前列、成为全国重要的经济支撑带奠定坚实基础。

——创新驱动发展能力明显增强。创新要素配置更加高效，全民受教育程度和创新人才培养水平明显提高，区域创新体系进一步完善，自主创新和科技成果转化能力大幅提升，研究与试验发展经费投入强度达到2.1%，每万人口发明专利拥有量达到6.9件，重要技术创新与研发基地建设取得阶段性进展。

——结构调整取得实质性进展。城镇化质量稳步提升，资源枯竭、产业衰退、生态严重退化等特殊困难地区转型发展取得显著成效。农村一二三产业融合发展，工业重点行业和企业具备较强的国际竞争力，新产业和新业态不断增长，服务业增加值比重达到47.4%，初步建成具有国际竞争力的先进装备制造业基地和重大技术装备战略基地、国家新型原材料基地、现代农业生产基地。

——人民生活水平和质量显著提高。居民收入增长实现与经济发展同步，就业比较充分，棚户区和农村危房改造基本完成，教育、文化体育、社保、医疗等公共服务体系更加健全，城乡居民收入差距逐步缩小，现行标准下农村贫困人口实现脱贫，贫困县全部摘帽，人民群众幸福感明显提升。

——生态环境保护水平进一步提升。单位地区生产总值能耗和二氧化碳排放大幅下降，主要污染物排放总量显著减少，水环境质量得到阶段性改善，森林、河流、草原、湿地、黑土地得到有效保护，沙地、盐碱地治理取得明显成效。

表10.1　东北地区“十三五”时期主要指标

指　标		属　性	2015年基数	2020年目标	年均增速[累计]
经济发展					
(1)全员劳动生产率(万元/人)		预期性	9.6	13	6.2%
(2)粮食综合生产能力(万吨)		预期性	13 210	13 210	[0]
创新驱动					
(3)研究与试验发展经费投入强度(%)		预期性	1.3	2.1	[0.8]
(4)每万人口发明专利拥有量(件)		预期性	3.6	6.9	[3.3]
(5)互联网普及率	固定宽带家庭普及率(%)	预期性	48.3	72.6	[24.3]
	移动宽带用户普及率(%)		58.4	86.5	[28.1]
结构调整					
(6)高新技术产业增加值比重(%)		预期性	10	13.3	[3.3]
(7)服务业增加值比重(%)		预期性	44.7	47.4	[2.7]
(8)城镇化率	常住人口城镇化率(%)	预期性	60.5	65.8	[5.3]
	户籍人口城镇化率(%)		45.1	50	[4.9]
民生福祉					
(9)居民人均可支配收入增长(%)		预期性	—	—	>6.5
(10)劳动年龄人口平均受教育年限(年)		约束性	10.5	11.1	[0.6]

续表

<table>
<tr><th colspan="2">指　标</th><th>属　性</th><th>2015 年
基数</th><th>2020 年
目标</th><th>年均增速
[累计]</th></tr>
<tr><td colspan="2">(11)城镇新增就业人数(万人)</td><td>预期性</td><td>—</td><td>—</td><td>[620]</td></tr>
<tr><td colspan="2">(12)农村贫困人口脱贫(万人)</td><td>约束性</td><td>—</td><td>—</td><td>[270]</td></tr>
<tr><td colspan="2">(13)城镇棚户区住房改造(万套)</td><td>约束性</td><td>—</td><td>—</td><td>[215]</td></tr>
<tr><td colspan="6">生态文明</td></tr>
<tr><td colspan="2">(14)耕地保有量(万公顷)</td><td>约束性</td><td>2 700</td><td>2 700</td><td>[0]</td></tr>
<tr><td colspan="2">(15)万元 GDP 用水量下降(%)</td><td>约束性</td><td>—</td><td>—</td><td>[21.7]</td></tr>
<tr><td colspan="2">(16)单位 GDP 能源消耗降低(%)</td><td>约束性</td><td>—</td><td>—</td><td>[15]</td></tr>
<tr><td colspan="2">(17)单位 GDP 二氧化碳排放降低(%)</td><td>约束性</td><td>—</td><td>—</td><td>[17.7]</td></tr>
<tr><td rowspan="2">(18)森林发展</td><td>森林覆盖率(%)</td><td rowspan="2">约束性</td><td>38.7</td><td>40</td><td>[1.3]</td></tr>
<tr><td>森林蓄积量(亿立方米)</td><td>42</td><td>45</td><td>[3]</td></tr>
<tr><td rowspan="2">(19)空气质量</td><td>地级及以上城市空气质量优良天数比率(%)</td><td rowspan="2">约束性</td><td>77.1</td><td>81.1</td><td>[4]</td></tr>
<tr><td>PM2.5 未达标地级及以上城市浓度下降(%)</td><td>—</td><td>—</td><td>[18.9]</td></tr>
<tr><td rowspan="2">(20)地表水质量</td><td>达到或好于Ⅲ类水体比例(%)</td><td rowspan="2">约束性</td><td>50.5</td><td>>56.9</td><td>—</td></tr>
<tr><td>劣Ⅴ类水体比例(%)</td><td>7.1</td><td><1.5</td><td>—</td></tr>
<tr><td rowspan="4">(21)主要污染物排放总量减少(%)</td><td>化学需氧量</td><td rowspan="4">约束性</td><td>—</td><td>—</td><td>[8.4]</td></tr>
<tr><td>氨氮</td><td>—</td><td>—</td><td>[7.6]</td></tr>
<tr><td>二氧化硫</td><td>—</td><td>—</td><td>[17.3]</td></tr>
<tr><td>氮氧化物</td><td>—</td><td>—</td><td>[16.6]</td></tr>
<tr><td colspan="6">注:1.全员劳动生产率增速按可比价计算,绝对数按 2015 年不变价计算。2.[ ]内为 5 年累计数。3.PM2.5 未达标指年均值超过 35 微克/立方米。</td></tr>
</table>

资料来源:东北振兴“十三五”规划。

第二个阶段目标是在全面建成小康社会基础上,争取再用 10 年左右时间,也就是到 2030 年左右,东北地区实现全面振兴,走进全国现代化建设前列,建成“一个支撑带五个基地”,也就是成为全国重要的经济支撑带,具有国际竞争力的先进装备制造业基地和重大技术装备战略基地,国家新型原材料基地、现代农业生产基地和重要技术创新与研发基地。这个远景目标提出了一个很高的要求，其核心是走进全国现代化建设前列，这一目标与党的十九大提出的全面建设社会主义现代化的目标也有内在的衔接，也就是说东北地区要在经济建设、政治建设、文化建设、社会建设、生态文明建设等方面不仅要跟上全国的步伐，还要努力干在前列、走在前列。

第二节　新一轮东北振兴的战略定位前瞻

中央要求，新一轮东北振兴要为实现“两个一百年”奋斗目标作出更大贡献。“五基地一支撑带”，是中央对东北地区发展的科学定位和殷切期望，既体现了对东北经济社会发展的历史继承，也体现了未来发展的新趋势、新要求，是衡量和评价东北全面振兴的重要标准。

第一，建成全国重要的经济支撑带。东北地区是我国经济社会发展格局中极为重要的板块，依托哈大和京沈铁路，以辽宁沿海经济带和三省沿边地区重点口岸为支点，对外可以与东北亚等国家互联互通，对内能够与环渤海等地区连成一片，沿边沿海优势明显，经济基础雄厚，发展潜力巨大，是全国经济的重要增长极。

第二，建成先进装备制造业基地和重大技术装备战略基地。东北装备在全国具有不可替代的重要地位。目前，东北三省发电设备产量占全国的1/3，数控机床产值占全国的1/3，内燃机产量占全国的1/5，造船能力占全国近1/5。在新一轮振兴中，东北地区要充分利用现有良好产业基础，着力提高制造业核心竞争力，为我国从制造大国走向制造强国作出重要贡献。

第三，建成新型原材料基地。目前，东北地区石化产业向集约化、大型化发展，形成了大连、抚顺、吉林、大庆等具有国际先进水平的大型石化产业基地，原油产量占全国1/4，原油加工量和乙烯产量占全国近1/5。钢铁产业集中度有所提高，精深加工水平明显提升，形成了鞍山等国内先进水平的精品钢材制造基地。今后要提升原材料产业精深加工水平,推进钢铁、有色、化工、建材等行业绿色改造升级,积极稳妥化解过剩产能。

第四,建成现代农业生产基地。东北三省农业机械化水平和科技进步贡献率均明显高于全国平均水平,其中黑龙江省综合机械化程度达到 87.7%,居全国首位。新一轮全面振兴要将建设现代农业作为基础支撑,把东北地区建设成为维护国家粮食安全的战略基地、全国重要的畜禽水产品生产加工基地和农业现代化示范区。

第五,建成重要技术创新与研发基地。东北三省有一大批高水平的重点高校和研究机构,一些高校和科研院所拥有众多院士,实力很强。东北地区的科技研发有雄厚的产业基础作依托,优势明显、潜力很大,将在我国建设创新型国家的征程中扮演重要角色,占据一席之地。

第三节　新一轮东北振兴配套的重大政策举措

在中发〔2016〕7 号和国发中发〔2016〕62 号文件中,党中央、国务院提出了一系列配套政策举措,为新一轮东北振兴战略的实施提供了重要的支撑。这些政策举措总体上可以概括为“四个重大”,即重大政策、重大工程、重大开发开放平台和重大工作机制。

一、推出一批重大政策

在财政政策方面,主要有:①中央财政要进一步加大对东北一般性转移支付和社保、教育、就业、保障性住房等领域财政支持力度。②中央财政提高对东北地区民生托底和省内困难地区运转保障水平。③在加快养老保险制度改革的同时,制定实施过渡性措施,确保当期支付不出现问题。④加快推进东北三省地方政府债务置换。⑤对东北地区主导产业衰退严重的城市,比照实施资源枯竭城市财力转移支付政策。⑥完善粮食主产区利益补偿机制，按粮食商品量等因素对地方给予新增奖励。⑦资源税分配向资源产地基层政府倾斜。

在金融政策方面，主要有：①鼓励政策性金融、开发性金融、商业性金融机构探索支持东北振兴的有效模式，研究引导金融机构参与资源枯竭、产业衰退地区和独立工矿区转型的政策。②推动产业资本与金融资本融合发展，允许重点装备制造企业发起设立金融租赁和融资租赁公司。③引导银行业金融机构加大对东北地区信贷支持力度，对有效益、有市场、有竞争力的企业，应满足其合理信贷需求，避免"一刀切"式的抽贷、停贷。对暂时遇到困难的优质大中型骨干企业，要协调相关金融机构积极纾解资金紧张等问题。鼓励各地建立应急转贷、风险补偿等机制。推进不良贷款处置。④在东北地区设立民营银行。⑤对符合条件的东北地区企业申请首次公开发行股票并上市给予优先支持。⑥推进实施市场化、法治化债转股方案并对东北地区企业予以重点考虑。⑦支持企业和金融机构赴境外融资，支持东北地区探索发行企业债新品种，扩大债券融资规模。

在国有企业改革政策方面，主要有：①出台深化东北地区国有企业改革专项工作方案。②推动驻东北地区的中央企业开展国有资本投资运营公司试点。③选择部分中央企业开展综合改革试点。④支持部分中央企业开展混合所有制改革试点，引导中央企业加大与地方合作力度。⑤在东北三省各选择10~20家地方国有企业开展首批混合所有制改革试点。⑥有序转让部分地方国有企业股权，所得收入用于支付必需的改革成本、弥补社保基金缺口。⑦中央财政继续按照奖补结合的原则，提高对东北地区国有企业厂办大集体改革的补助比例，对地方国有企业、中央下放地方国有企业、中央企业兴办的厂办大集体企业净资产不足以支付职工经济补偿金的部分，中央财政分别补助80%、100%和50%。⑧因厂办大集体改革导致地方政府养老保险基金存在缺口的，在统筹研究东北地区养老基金缺口时一并考虑。

在产业投资土地政策方面，主要有：①制定东北地区产业发展指导目录。

②设立东北振兴产业投资基金。③国家重大生产力布局特别是战略性新兴产业布局重点向东北地区倾斜。④进一步加大中央预算内投资对资源枯竭、产业衰退地区和城区老工业区、独立工矿区、采煤沉陷区、国有林区等困难地区支持力度。⑤推出老工业基地调整改造重大工程包。⑥实施差别化用地政策,保障重大项目建设用地。⑦支持城区老工业区和独立工矿区开展城镇低效用地再开发和工矿废弃地复垦利用。

二、实施一批重大工程

在重大基础设施工程方面,主要有:①实施东北地区低标准铁路扩能改造工程,改善路网结构,提升老旧铁路速度和运力。②规划建设快速铁路网,尽早建成京沈高铁及其联络线,研究建设东北地区东部和西部快速铁路通道。其中,京沈高铁将于2019年通车,东北东部快速铁路(佳木斯至通化至沈阳)、西部快速铁路(齐齐哈尔至通辽至京沈)、东北沿边铁路已经列入中长期铁路网规划修编,近期将分段建设。③规划建设东北地区沿边铁路。④加快推进国家高速公路和国省干线公路建设。⑤研究新建、扩建一批干支线机场。在国家民航中长期规划布局中,规划东北地区新增阜新、铁岭、辽源、珲春、绥化、绥芬河等24个机场。⑥扎鲁特至青州特高压电力外送通道。⑦重大水利设施建设工程。⑧高标准农田建设和黑土地保护工程。⑨粮食仓储设施建设工程。

在重大产业转型升级工程方面,主要有:①重大装备自主化和走出去工程。②恒力炼化一体化、中石油长兴岛炼化、中石油辽阳石化结构调整、中国兵器辽宁华锦石化改扩建等重大石化项目建设工程。③高端装备制造、新材料、生物医药等新兴产业培育工程。④资源型城市产业转型攻坚行动计划。⑤组织实施东北振兴重大创新工程。⑥国家实验室、大科学装置、国家机器人创新中心等重大创新基础设施建设工程。

在城市更新改造工程方面,主要有:①城市旧城改造和新区提升工程。②城区老工业区搬迁改造工程。③独立工矿区改造搬迁工程。④棚户区改造工程。⑤采煤沉陷区治理工程。⑥特色小镇建设工程。

在生态环境治理工程方面，主要有：①大小兴安岭和长白山等天然林保护工程。②呼伦贝尔、锡林郭勒等重点草原保护和退牧还草工程。③三江平原、松辽平原等重点湿地保护工程。④支持兴凯湖、呼伦湖等开展流域生态和环境综合治理工程。⑤东北虎豹国家公园建设工程。⑥辽河、松花江等重点流域治理工程。

三、打造一批重大开发开放平台

在自由贸易试验区建设方面，主要是做好中国（辽宁）自由贸易试验区建设相关工作，加快探索贸易投资便利化措施，加快在东北地区推广自由贸易试验区的成功经验和做法。

在国家级新区建设方面，主要是要创新完善大连金普新区、哈尔滨新区、长春新区管理体制机制，充分发挥在东北振兴中的引领带动作用。

在全面创新改革试验区和自主创新示范区等建设方面，主要是要深入推进沈阳全面创新改革试验，探索更多促进科技成果转化的有效做法。加快沈大国家自主创新示范区建设，支持吉林长春、黑龙江哈大齐工业走廊培育创建国家自主创新示范区。加快建设沈阳浑南等国家双创示范基地。

在综合配套改革试验区建设方面，主要是继续做好沈阳经济区新型工业化综合配套改革试验、黑龙江省“两大平原”现代农业综合配套改革试验和吉林省农村金融综合改革试验。

重点开放试验区和中外合作园区方面，主要是推进中德（沈阳）高端装备制造产业园、中英（大连）先进制造示范园区、珲春国际合作示范区，以及满洲里、二连浩特、绥芬河（东宁）等重点开发开放试验区的建设，同时规划建设中俄、中蒙、中日产业投资贸易合作平台以及中以、中新合作园区。

在综合保税区和海关特殊监管区域方面，主要是推进大连综合保税港、沈阳综合保税区、长春兴隆综合保税区、哈尔滨综合保税区、绥芬河综合保税区、满洲里综合保税区以及保税物流中心等海关特殊监管区域建设。

在产业转型升级示范区建设方面,主要是推进沈阳—鞍山—抚顺和长春—吉林—松原等产业转型升级示范区建设。

四、完善一批重大工作机制

在工作机制方面,在党中央的集中统一领导下,成立了国务院振兴东北地区等老工业基地领导小组,其主要职责是研究审议重大政策和重点规划,协调解决重大问题,督促推进重大事项。国家发展改革委具体承担领导小组办公室工作,主要职责是要加强综合协调和调查研究,牵头推进重点任务落实。

除此之外,在推进新一轮东北振兴进程中,还有以下重要工作机制:

东北与东部发达省市合作机制:主要是组织辽宁、吉林、黑龙江三省与江苏、浙江、广东三省,沈阳、大连、长春、哈尔滨四市与北京、上海、天津、深圳四市建立对口合作机制,开展互派干部挂职交流和定向培训,通过市场化合作方式积极吸引项目和投资在东北地区落地。

东北四省区区域合作与协同发展机制:主要是东北四省区行政首长协商机制以及其下的秘书长协调机制和日常办公制度。

东北振兴重大项目建设调度工作机制:主要是分年度商有关地方、部门、中央企业确定东北振兴重大项目,按期调度项目进展,及时协调解决项目实施过程中存在的问题。

东北振兴智库支撑机制:主要包括与中国宏观经济研究院、中国科学院、中国社会科学院、国务院发展研究中心以及有关高校建立的长期研究合作,依托东北大学和中国(海南)改革发展研究院组建中国东北振兴研究院等。

东北振兴新闻宣传工作机制:主要包括与中宣部、中央网信办建立的新闻宣传和网络舆情工作机制,与新华社建立的东北振兴新闻宣传机制,与有关地方建立的定期信息通报工作机制和与新华网等建立的网络宣传机制等。

“四个重大”搭起了新一轮东北振兴政策的四梁八柱。当前关键是要调动两个积极性，切实抓好各项政策举措的落实，东北各省区党委和政府是推进东北老工业基地振兴的责任主体，要守土有责、守土尽责，进一步提高认识、求真务实、精心组织、主动作为，团结带领广大干部群众，形成新一轮东北振兴的好势头，打赢全面振兴这场硬仗。全面振兴东北地区等老工业基地事关我国区域发展总体战略的实现，事关我国新型工业化、信息化、城镇化、农业现代化的协调发展，事关我国周边和东北亚地区的安全稳定，意义重大，影响深远。我们有理由相信，在各方面的共同努力下，东北地区一定会闯出一条新形势下老工业基地振兴发展新路，在改革开放中重振雄风，为夺取新时代中国特色社会主义伟大胜利、实现中华民族伟大复兴的中国梦作出新的更大的贡献。

第四节　新一轮东北振兴需着力建设的支撑体系

一是要加快建立优化有利于企业发展的体制机制支撑体系。从国际经验看，支持老工业基地加快调整改造，政策援助是必要的，稳定的资金来源和渠道也是必需的，给老工业基地一定的项目也是可行的，特别是在前期，这样的输血尤其显得重要。但是世界上其他老工业基地的复兴，并不是靠输血来完成的，他们主要通过制度的完善、体制的创新等一系列手段，以市场经济的要求来配置微观基础，使其提高自身的造血能力。我国的东北老工业基地也是一样，仅靠政策援助、资金援助、项目援助，只能使其渡过难关，要想实现东北的真正振兴，必须致力于发展地区经济，创造一个有效的宏观经济环境，包括交通、通信、教育等基础设施，也包括金融、保险服务行业。今后老工业基地的调整与改造，应以制度创新、机制创新和技术创新为突破口，把着重点放在完善体制机制上。

政府职能转变是东北老工业基地改造和振兴中的关键一环。要切实解决政企不分，政府对经济事务直接干预过多、过深，而公共服务又严重不足的状况，把政府经济工作的着力点转到创造与市场经济相适应的体制、政策和法律环境上来，全面提高政府效率，形成市场机制更好发挥作用的条件，给投资者、创业者以稳定预期。要从减少或消除行政性准入限制、所有制歧视和地方保护等方面采取积极的措施，建立良好有效的政策环境，鼓励和引导民间资本、境外资本积极参与资源型城市和老工业基地接续产业的发展和主导产业的转型，弱化政府“改造主体”的角色，建立政府政策引导下多元市场主体参与的新型改造机制和体制。同时，重点深化投资体制和公共资源交易制度改革，从制度上更好地保障市场在资源配置中的基础性作用。加快户籍制度改革，从城郊农民和城市农民工入手，配套推进户籍、土地、公共服务制度联动改革，推动城镇化发展，发挥城镇化在发展中的推动作用。加快制定以“企业投资项目承诺制”为核心的“零审批”园区试点方案，挑选几个园区或区域制定承诺制审批实施办法，在推进“放管服”改革和完善投资营商环境建设方面见到实效，提升国内外投资者信心。

二是要加快营造浓厚的创新创业支撑体系。要充分发挥东北地区高等院校和企业技术开发中心的作用，加大技术创新，并着力做好技术的转化工作，大力开发先进适用型技术，推动高新技术的发展和对传统产业的改造。在制度创新方面，针对老工业基地的特点，完善社会保障制度、金融制度、国有企业的产权制度，要统筹经济和社会的协调发展，充分调动一切可以调动的力量，以经济发展和提高就业为标准，加快东北老工业基地的振兴。实施好东北地区培育和发展新兴产业三年行动计划，大力发展基于“互联网+”的新产业新业态，推进东北地区信息产业发展。要加快地区创新创业平台建设，新设一批重大创新创业平台。加快沈阳浑南区国家双创示范基地建设，推进哈尔滨、长春等城市双创平台建设。加快沈大国家自主创新示范区建设，推动吉林长春、黑龙江哈大齐工业走廊培育创建国家自主创新示范区。东北有很多很好的旅游资源，冰天雪地也是金山银山，要把这些旅游资源真正转换成旅游经济优势，特别是要提前考虑京沈高铁开通后，京津冀和南方客源市场将进一步扩大的情况，把特色旅游发展好。

三是要加快构建交通、能源、水利等基础设施支撑体系。加快建设东北地区快速铁路网和高速公路网。加快建设京沈高铁和哈佳、沈丹、丹大、吉图珲、哈齐、哈牡等快速铁路，推进城市群内城际轨道交通建设，全面完成东北地区东部铁路通道建设；大力实施既有线扩能和电气化改造；统筹规划建设中俄国际铁路（北线）和中蒙俄国际铁路大通道，加快建设同江铁路大桥、黑河大桥，形成连接亚欧的东北亚交通走廊。加快国家高速公路断头路、瓶颈路段建设。加强城际间快速交通网络和国边防公路建设。提升国省干线技术等级和服务水平。推进渤海海峡跨海通道的前期工作。加大辽宁沿海港口资源整合力度，加快建设大连东北亚国际航运中心，创新发展模式，形成布局合理、功能完善、优势互补、分工协作、综合竞争能力较强的现代港口集群。推进港口码头和航道防波堤设施建设，鼓励民间投资参与港口建设，引导支持港口企业和腹地大企业集团资源共享、良性互动。加强粮食专用码头和储运设施建设，提高“北粮南运”能力。扩建和新建一批干支线机场，形成干支结合、布局合理的机场网络。优化机型配置和航线布局，适当加密航线航班，提高快捷服务水平。对旅游热点地区，在旅游旺季增开临时航线航班。推动通用机场建设，促进通用航空产业发展。

提升能源开发利用水平。推进煤炭资源整合，发展大型煤炭企业集团。加强松辽盆地、渤海湾盆地、海拉尔盆地、二连盆地及外围油气资源勘探开发，增强资源保障能力。有序推进蒙东地区和吉林两个千万千瓦级风电基地建设，加快辽宁、黑龙江风能资源较丰富、电网接入条件好地区的风电开发。根据国家有关规划要求，在确保安全的基础上稳妥发展核电，开工建成红沿河核电站二期工程，适时启动辽宁徐大堡核电项目建设。加快开发利用煤层气，有序发展煤制天然气和煤基多联产项目。加快推进重大水利工程建设。科学规划建设调水工程，合理开发利用水资源，实现区域内水资源优化配置。推进辽西北供水二期，吉林中部引松供水，哈达山水利枢纽（一期），引嫩入白，尼尔基引嫩扩建一期，引绰济辽以及黑龙江、松花江、乌苏里江“三江连通”等重大水利工程建设。尽快开工黑龙江阁山、奋斗和吉林松原灌区，辽宁猴山水库等重点工程。

在水土资源条件具备的地区发展现代灌溉设施。

国家“十三五”规划纲要的165项重大工程有一大批是在东北地区,《推进东北地区等老工业基地振兴三年滚动实施方案》提出了拟于2016—2018年开工建设的对东北振兴有全局性重要影响的,能够有效补短板和培育新动能的重大项目,共127项,大部分是基础设施项目。《东北振兴“十三五”规划》中也提出了一大批重大基础设施项目和工程,这些项目已纳入国家相关规划,正在加快推进。

四是要加强城镇基础设施和信息化基础支撑体系。完善城市功能分区和建设。未来十年东北等老工业基地的产业升级改造、老工业区整体搬迁改造将会进入攻坚阶段。原有产能落后、技术水平低下的产业产能将会大力推进技术升级改造或者产业结构调整;原位于市区或者近郊的部分老工业区将会整体搬迁至城市新区或者开发区。作为未来升级改造后的工业开发区或者产业集聚区,在经济上将会成为东北等老工业基地产业结构调整和工业振兴的重要载体。而新城区或者开发区的建设及空间布局规划中则应高度重视产业、配套社会服务功能、环境保护等多方面的协调、融合。力求借助产业转移、新区建设的重大机遇推动区域内城镇化质量的同步提升,以充分吸纳就业、产业协调发展、城市功能完善、环保措施得当等为原则,大力建设新型工业化小城镇或城区。

加快建设宽带、融合、安全、泛在的下一代信息基础设施,推动信息化技术在经济社会各领域的广泛应用,实现信息化与工业化、城镇化深度融合发展,全面提升东北地区的信息化水平。引导建设宽带无线城市,实施城市光纤入户和农村宽带进村,加快偏远地区的宽带网络建设,全面提高宽带普及率和带宽水平。大力推进第三代移动通信网络建设,不断扩大覆盖范围,优化网络性能。加快智慧城市建设。推进电子政务建设,整合提升政府公共服务和社会管理能力。依托信息网络技术,开展远程医疗和教育培训。加快社会信用体系建设。推进社保卡应用,逐步实现各类社会保障关系异地接续和结算信息化。强化地理、人口、金融、税收、统计等基础信息资源开发利用,建立区域间信息资源的共享机制。加强应急通信系统建设，提升技术和装备水平，提高对突发事件和重大活动的通信保障能力。依托大连、营口港和长春、哈尔滨物流枢纽，研究建设东北地区的物流公共信息平台。

五是要加快建立生态文明支撑体系。开创东北生态文明特色体系，需要在林业建设、草原保护与沙地治理、黑土与湿地保护、流域治理与水资源保护、水生物资源养护与管理、污染治理与节能减排论证等方面齐头并进，形成生态资源、生态屏障、生态产业、生态文明的保护与开发。以增强生态功能、提高生态效益为基本目标，实行森林分类经营，全面推进"天保工程二期"建设，大幅调减森林采伐量，强化森林经营和保护监管，加快森林资源培育，加强森林防火和病虫害防治。大力开展植树造林，继续实施荒山绿化，巩固和扩大退耕还林成果，加强"三北"防护林、沿海防护林和农田林网建设。

加强蒙东地区、西辽河流域和松嫩平原西部地区草原退化、沙化、碱化治理，以呼伦贝尔、锡林郭勒、科尔沁三大草原生态区建设和保护为重点，建设草原保护与治理示范区。以科尔沁沙地、呼伦贝尔沙地、浑善达克沙地、嫩江沙地、乌珠穆沁沙地为重点，加强风沙干旱区治理，建设沙地复合生态系统。以保护黑土资源、防止水土流失、提高耕地质量、改善生态环境为重点，实施黑土区水土保持工程。全面禁止湿地开垦，逐步恢复湿地生态系统功能，加大湿地生态系统整体保护。

以解决危害群众健康和影响可持续发展的突出环境问题为重点，强化污染物综合整治。推广应用先进节能技术、设备和产品，严格执行能耗限额和产品能效标识，积极推进合同能源管理。促进既有居住建筑供热计量和节能改造，实施"节能暖房"工程。大力发展循环经济、低碳经济、绿色经济，做好循环、低碳经济试点示范工作，在农业、工业、建筑、商贸服务等重点领域推进清洁生产机制，健全资源回收利用体系，推广绿色消费模式。加强林业建设，增加森林碳汇，积极应对气候变化。

六是要完善社会民生支撑体系。建立健全覆盖全区的基本公共服务体系，加快推进基本公共服务均等化，提高民生保障水平，实现学有所教、劳有所得、病有所医、老有所养、住有所居，使东北地区振兴成果更好惠及东北各族人民。把扩大就业放在经济社会发展的优先位置。坚持实施就业优先战略和更加积极的就业政策。将高校毕业生、农村转移劳动力、城镇就业困难人员、水库移民等作为工作重点。大力发展吸纳就业能力强的劳动密集型产业、服务业和小型微型企业；促进以创业带动就业，落实小额担保贷款、财政贴息、税费减免、资金补贴、场地安排等各项就业创业扶持政策；加强职业培训，提高劳动者就业能力；大力开发公益性岗位，为就业困难人员和“零就业家庭”提供就业援助；推进农业富余劳动力就地就近转移就业、返乡创业和有序进城务工；有组织地开展对外劳务合作；着力解决资源枯竭城市、林区、棚户区就业困难人员的就业问题。健全统一规范灵活的人力资源市场和创业服务体系，完善城乡公共就业服务体系，为劳动者提供有针对性的就业服务。

提高城乡居民收入水平。努力实现居民收入增长和经济发展同步、劳动报酬增长和劳动生产率提高同步。完善职工工资正常增长机制、支付保障机制，积极稳妥扩大工资集体协商覆盖范围，逐步提高最低工资标准。完善公务员工资制度，深化事业单位工作人员收入分配制度改革。多渠道增加农民收入。建立和完善收入分配统筹协调机制，努力扭转城乡、区域、行业和社会成员之间收入差距扩大趋势。创造条件增加城乡居民财产性收入。

加大棚户区改造力度。全面推进林区、垦区和国有工矿区等各类棚户区改造，不断改善群众生活条件。发挥政府组织引导作用，加大税费、土地供应政策支持力度，不断完善安置补偿政策，采取财政补助、银行贷款、企业支持、群众自筹、市场开发等多渠道筹措资金。

促进社会事业全面进步。在积极发展公共教育的同时，大力发展职业教育，完善职业教育管理体制和机制，深化校企合作，探索集团化办学的多种实现形式。提高公共医疗卫生水平，完善重大疾病防控等专业卫生服务体系，加强农村三级医疗卫生服务网络和以社区卫生服务为基础的新型城市医疗卫生服务体系建设。健全社会保障体系，完善失业、工伤、生育保险制度，扩大参保范围，推动社会福利由补缺型向适度普惠型转变。大力发展公共文化事业，加强文化遗产保护、利用和传承。

新一轮东北振兴，要处理好总体谋划和久久为功的关系，坚定不移将一张蓝图干到底。一方面，要着眼于今后相当长一段时期东北地区振兴发展的战略目标，研究谋划有利于促进东北全面振兴的各类支持性政策，增强各项措施的关联性和耦合性，防止畸重畸轻、单兵突进、顾此失彼。另一方面，要坚持重点突破，着力化解近期东北地区出现的突出问题，解决体制机制问题和经济结构、产业结构问题，解决资源枯竭、产业衰退、生态严重退化地区面临的问题等，避免这些问题进一步恶化蔓延。要对实现既定目标制定明确的时间表、路线图，稳扎稳打，分步推进。

新一轮东北振兴，是对东北地区在“两个一百年”奋斗目标历史交汇期加快转型发展的全面部署，它既注重经济发展，又注重社会、文化、生态与经济协调发展；既强调体制改革，又强调结构调整；既着力推动工业振兴、城市振兴，又着力推动文化振兴、乡村振兴；既重视加快振兴发展步伐，又重视加快转变经济发展方式。振兴的领域更宽、范围更广、任务更重，在全国区域协调发展和产业转型升级全局中更加具有战略意义，需要在实践中不断推进，特别是要深化体制机制方面的改革，坚持不懈地不断探索、不断总结、不断创新，探索出一条中国特色老工业基地振兴的新路子。

第十一章

11

借鉴：发达国家促进老工业基地转型的经验

老工业基地调整改造是发达国家工业化进程中遇到的共性问题，也是世界性难题。美国著名经济学家西蒙·库兹涅茨指出，任何高速增长的工业部门发展到成熟期以后，增长速度都将逐步减弱，任何产业部门都经历着形成、发展、成熟、衰退的变化过程。老工业基地作为产业部门的空间集合体，随着主导产业部门的衰退，与主导产业部门前、后联系的产业部门也随之衰退，使工业基地整个陷入衰退的困境，这是世界各国在推进工业化过程中必然出现的客观现象。

美国、德国、英国三大老工业基地出现衰退以后，各自政府致力于其改造模式的研究。到20世纪90年代中期以后，这些地区的经济突然迅速发展，美国的锈带脱锈，德国的矿山变成了公园，英国的夕阳地带也变成了朝阳地带，形成了所谓的锈带复兴（美国模式）、矿山到公园（德国模式）、调整创生机（英国模式）。尽管经济条件的不同导致他们的改造模式各不一样，但是，可以发现其中有一些共性的东西。总的来说，老工业基地调整改造的关键是地区经济振兴而不是单纯的企业脱困，因为只有地区经济得到了全面振兴，产业竞争力得到了不断提高，才能创造出更多的就业机会，地方才有能力解决日益暴露的各种问题。发达国家的经验具体表现在：①传统工业的改造与新兴工业建立并举。他们在改善产业结构过程中，并不是单纯地淘汰传统工业，也不是单纯地致力于发展新兴工业，而是对现有的一些还有比较优势的产业进行改造与改组，实现传统产业的现代化，挖掘原有产业潜力，使其继续发挥优势。②以地区经济的发展为目的，大力发展交通、教育等基础设施的建设，大力发展第三产业以提高就业，同时加快技术向生产力的转化。他们都充分利用了老工业区的雄厚教育潜力，加快技术创新和技术的运用转化。③制定支持老工业基地振兴的有关政策。主要是向老工业基地提供低息贷款和政策优惠，用于老工业基地的技术改造和产业结构的升级。改造老工业基地公共设施的资金来源于政府专款，并加强改善老工业基地的投资环境。

综观各国政府的实践经验，各有特色，各有所长，其中有许多规律性的东西值得借鉴和参考。“他山之石，可以攻玉”，认真总结一些市场经济国家在这方面的做法，对当前和未来一个时期完善我国老工业基地调整改造和转型政策，具有重要参考价值。

第一节　美国支持工业城市转型的经验

美国是联邦制国家，各级政府事权各有侧重，联邦政府职责集中在外交、国防、安全等领域，经济发展的责任主要在地方政府。即便如此，美国联邦依然对工业衰退地区的发展给予了重点扶持。20 世纪 60 年代以来，美国利用市场机制和政府干预，采取了一系列切实可行的战略措施，区际差异得以逐步缩小。美国支持工业衰退地区开发的政策目标明确，主要包括：

一、重视立法，依法推进管理

美国政府把援助地区经济发展置于严格的立法、执法和司法过程中。如 1993 年，克林顿总统签署批准并经国会通过的《联邦受援区和受援社区法案》，就是美国出台的一个系统解决欠发达地区发展问题的法案。联邦政府根据有关法律确定计划，审查援助项目的申请报告，拨付一定比例的资金给州政府，并定期审计资金的执行情况。州政府要制定出如何使用援助资金的法规和会计制度，具体指导和援助计划的实施。落后地区要想获取帮助，必须提出申请，得到批准后，受援助地区有权要求有关部门提供使用援助资金的指导和帮助，同时，必须接受联邦政府按照法律程序的监督和审计，一旦发现违规违法，则随时会被停止援助，当事人还要承担责任。政府通过严格的法律法规保证援助项目落到实处。

二、加强配套资金支持

《联邦受援区和受援社区法案》每年拨款 25 亿美元无偿用于给受援区企业

提供税收优惠，具体优惠额度与企业提供就业职位相关。10 亿美元用于无偿财政援助，支持受援地区项目建设。联邦政府在全美分三批共确定了 38 个受援区，其中城市 28 个，农村 10 个。申请地区要符合一些条件：一是失业率高于全国平均水平 1%；二是收入水平低于全国平均工资 80%；三是遭遇特殊情况（如受灾等）。1994 年批准成立的首批 9 个联邦受援区和 95 个受援社区，其中 6 个为联邦城市发展署申报的衰退工业城市受援区，主要位于中部和东北部地区，包括底特律、克利夫兰、代顿等传统工业城市。州和地方政府层面对区域发展问题更为关心，它们通过制定贷款、税收和土地优惠政策，对职工再培训，完善交通基础设施，治理城市环境，招商引资等方式推动区域转型和再造。特别是州政府支持设立企业区（Enterprise Zones）和机会区（Opportunity Zones），对于帮助衰退地区快速重建起到了重要作用。企业区和机会区类似开发区性质，其概念与做法来源于英国。政府及其他中介组织为入区企业提供全方位扶持，借此吸引外来投资。机会区的政策更加优惠，入区企业可以享受 15 年免税政策（即免征个人所得税和企业所得税州和地方部分）。选择在某个地区设立机会区的主要标准包括 3 种情况：区域内就业机会大量流失；经济活动低迷；收入水平低于全州平均。

三、公共部门、私人部门和非营利组织紧密合作，形成合力，将“公私合作伙伴”（Public Private Partnership，PPP）这一全新理念充分运用于实践，演进出一套有效的推动区域转型发展的治理模式

这种模式吸纳大批的非营利组织参与，由半官方机构具体实施，这些机构负责政府资金安排与具体改造项目的实施。如西南宾州委员会（South Western Pennsylvania Commission）就具体负责匹兹堡市及周边 10 个郡的联邦和州相关资金、项目的安排。同样，在底特律也设有半官方的底特律经济发展公司（Detroit Economic Growth Corporation，DEGC），该机构领导直接由市长任命，承担“棕地”再开发、中心城区发展等 6 项重要职能。这些企业通过公私合营的方

式与政府建立合作伙伴关系，获得政府支持，并参与公共项目的组织实施。

第二节　欧盟支持工业衰退地区发展的经验

一、基本情况

欧盟是世界上经济社会最为发达的地区之一，但欧盟内部区域发展不平衡的问题同样存在。1973 年，欧共体委员会向欧洲部长理事会提交了一份关于地区发展的报告，提出对“有问题地区”提供财政援助，并明确“有问题地区”包含贫困地区、传统工业衰退地区（Declining Industrial Areas）、受共同体政策影响的地区和多国边境地区。此报告于 1975 年 3 月获得批准，随后欧共体正式设立欧洲发展基金（又简称结构基金），纳入欧盟财政预算统一管理，专门用于区域政策财政拨款。

1993 年《马斯特里赫特条约》签订后，欧盟通过基金安排区域政策财政拨款逐渐成为一种制度。到目前为止，欧盟已先后实施了 3 个规划期（1994—1999 年、2000—2006 年、2007—2013 年）。在 2007—2013 年规划期中，欧洲发展基金总额达到 3 080 亿欧元，占欧盟财政预算的 36%，包括欧洲地区发展基金、欧洲社会基金和欧洲聚合基金 3 个基金。

欧洲地区发展基金（简称 ERDF）作为欧洲发展基金中份额最大的部分，是欧盟区域政策的主要支持工具，主要支持区域包括贫困地区和衰退老工业区。2000—2006 年，衰退工业区投资额占基金总额的 15%。其主要支持区域包括德国的鲁尔区和萨尔区，法国东部和北部洛林、加莱等地区，英国英格兰北部伯明翰、曼彻斯特地区，苏格兰中南部以及比利时东南部地区。例如德国鲁尔老工业区 20 世纪 90 年代实施的《鲁尔地区结构改造计划》使用的主要是这一基金，2007—2013 年鲁尔区受益资金达 20 亿欧元。

二、支持对象选择标准

为明确区域援助政策的受益范围，欧盟统计局根据各地区经济发展水平、产业结构状况、就业率等一系列指标，建立了欧盟地区统计三级单元目录（NUTS）。欧洲地区发展基金以 NUTS—2 作为支持对象（2004 年 NUTS—2 为 213 个，基本相当于我国地级市；NUTS—3 为 1 091 个，基本相当于我国的县）。在基金第三规划期，规定区域（NUTS—2）人均 GDP 低于欧盟人均水平 75%或存在严重失业问题的区域可申请获得支持（根据欧盟地区政策总司定义，严重失业问题指该区域工业部门的失业率在过去三年高于欧盟平均水平，并且工业部门处于退化状态，总就业人数仍呈下降趋势的区域）。

三、主要支持领域

2001 年，欧盟委员会指出，“欧盟的区域政策首先是一项团结政策，它是欧盟帮助落后地区经济发展，帮助面临困难的工业地区转型，帮助农业地区多样化发展，以及环境恶化的城市区域再生的主要手段”。根据这一原则，欧洲发展基金在每个规划期都设定了阶段性目标和重点支持领域，并辅之以相应的财政资金支持。第一规划期中，欧盟确定了基金七大目标，重点解决贫困地区的发展问题，工业衰退地区的结构失衡、长期失业问题和青年人就业问题，人口稀少地区和跨国边境地区稳定问题。第二规划期中，欧盟确定了三大目标，一是促进人均 GDP 低于欧盟平均水平 75%的地区的经济发展和结构转型，二是支持经济结构单一的地区实现结构调整和多样化，三是人力资源开发。第三规划期中，政策支持目标进一步优化，支持经济落后地区建设基础设施，支持衰退工业区进行经济和社会调整，完善教育和培训体制及促进就业。

四、成效

1994—1999 年，欧洲发展基金总额达到 1 550 亿欧元，占欧盟财政总预算的31%；2000—2006年，基金总额达到2 130亿欧元，占欧盟预算的30%；2007—2013年，基金总额达到3 080亿欧元，占欧盟财政预算的36%。据欧盟统计局统计，1996—2006年，接受欧洲地区发展基金援助的NUTS—2地区经济增长率高出欧盟平均水平60%，财政支持政策效果显著。

第三节　德国促进工业城市转型的经验

德国是高度发达的工业化国家，但地区经济发展之间的不平衡也客观存在。在德国长期的历史发展过程中，逐渐形成了鲁尔老工业基地。自20世纪50年代末开始，随着石油、天然气和核能等的发展，以煤炭、钢铁等传统产业为主的鲁尔地区和萨尔州经济遭受了巨大冲击，大量人员失业、社会问题骤增。到1997年，鲁尔区的失业率高达14%，远高于全德10.3%和西部各州8.8%的平均水平。随着1990年两德重新统一，德国东、西部之间的发展不平衡问题更为突出。因此，无论是老联邦州还是新联邦州都客观上需要国家的地区经济政策。老联邦州地区的主要问题是应对环境变化加剧的地区经济结构转换，如地区局部调整与人工成本高的压力、部分老工业行业与新兴国家及日益增加的全球化竞争的压力、农村发展滞后和人口问题（老龄化和人口下降）的压力等。新联邦州面临的主要问题是，尽管经历了20年从计划经济体制到社会市场经济体制的转换，但工业重建过程及任务仍然没有结束，在推进企业现代化、创建新的有竞争力的就业岗位和自主增长能力，应对农村地区的人口挑战等方面仍然问题很多。德国政府十分重视老工业基地重振，制定了一系列政策，旨在增强经济落后地区的内在发展动力，改善其经济结构，促进其整体经济的发展。

一、从法律上保证任务实施

1969年，德国政府颁布实施了《改善地区经济结构法》（GRW）。这个法律主要有以下特点：①将经济落后地区划分为不同等级的扶持区域，企业在此投资可享受政府的优惠政策。②成立由联邦经济部长担任主席、联邦财政部长和各州经济部长组成的协调委员会，制定包括扶持区域范围、资金分配、监管等内容的落后地区经济促进框架。联邦政府参与制定宏观协调框架，必要时为具体项目提供财政补贴和优惠贷款等扶持措施。州政府为具体承担者，负责制定本地区发展战略、确立未来区位形象，并确定扶持重点、资金用途和资助比例，进行项目审批。③充分调动地方经济主体和企业的主动性，规定申请补贴的企业自身投资不得低于总投资额的25%，公共财政补贴由联邦政府和所在州各承担一半。④为保证公平竞争，避免对其他地区造成不利影响，该政策的实施受联邦政府和欧盟的双重监督。德国纳入财政转移支付范围的衰退工业地区识别标准包括：申请有效失业率连续三年超过全国平均水平、主导产业就业岗位急剧减少、人均收入低于全国平均水平。协调委员会的决议必须在联邦政府代表同意和州政府多数票通过的前提下才能获得批准。各州每个月要向联邦经济部汇报资金使用情况，向联邦经济与出口管制局报告项目审批情况。联邦经济部向联邦议院定期通报执行情况。联邦议院根据执行情况审批下一年度的补贴总额。自1969年以后，德国政府根据经济发展形势和地区经济发展的新变化，不断对《改善地区经济结构法》进行修改、补充和完善，一直延续至今，成为最重要的地区经济发展政策之一。

二、因地制宜动态确定区域政策援助地区

为确保资金效益的最大化且能最大程度地支持落后地区发展，德国政府根据各地实际情况和需要，动态地调整需要扶持的区域，合理地分配补贴资金。2006年，德国政府根据欧盟有关要求制定了2007—2013年“改善地区经济结构区域图”。这个“区域图”参考了2002—2005年的平均失业率（权重50%）、参加法定社会保险人员的年度毛收入（40%）、2004—2011年的就业预测（5%）和基础设施（5%）等4项指标，把全国划分为270个就业区，排名靠后的列为A、

B、C 补贴地区。A 类地区包括除柏林以外的大部分前东德地区以及西德的吕内堡（Lueneberg）、吕朝弗-达能堡（Luechow-Dannenberg）等地区，共有人口 1 404.5万，占全德总人口的 17.1%。被选定的企业投资享受最高类别的财政补贴（含欧盟以及德国联邦和州政府的补贴），其中小企业为 50%，中型企业为 40%，其他企业 30%。B 类地区包括柏林大部分地区、前西德部分农村地区、老工业基地和巴伐利亚州东部与捷克接壤地区，人口 907.5 万人，占德国总人口的 11%，小企业、中型企业和其他企业进行投资时，最高可获得 35%、25%和 15%的政府补贴。C 类地区人口 996 万，占德国总人口的 12%。小企业和中型企业的投资补贴上限为 20%和 10%，其他企业三年内补贴额不超过 20 万欧元。以上三类地区共有 3 318 万人，占德总人口的 40.1%。

三、突出重点全力支持鲁尔老工业区转型

1966 年，德国联邦政府开始资助鲁尔老工业区煤炭工业、钢铁工业技术改造。20 世纪 70 年代初，德国联邦地区发展委员会将衰退工业地区纳入联邦政府纵向财政转移支付范围。1972—1988 年，联邦补充拨款和有条件财政转移支付达 890 亿德国马克，专项支持鲁尔等老工业基地调整改造。欧洲地区发展基金规范化运作后，2002 年德国联邦政府和地方州政府共同建立了产业转型专项基金，由联邦政府承担 2/3，州政府承担 1/3，用于配合欧盟基金支持老工业基地产业结构调整和人力资本开发项目。主要目标是提高老工业区财政能力、完善公共服务、实现均衡发展，主要支持领域包括企业技术改造补贴，培育发展高新技术产业、第三产业、中小企业和产业集群，安排转岗人员免费培训，资助工矿区环境综合治理，支持城市和工业园区交通、通信基础设施项目建设，支持兴建大学和科技园区等。奔驰、索尼等跨国公司在对德国老工业区的投资中都申请和享受过这种补贴。

第四节　法国支持工业城市转型的经验

一、法国工业发展的 4 个时期

第二次世界大战后，法国工业城市经历了两次转型，大致分为 4 个时期，不同时期的政策和效果存在明显差异。

（一）1945—1975 年工业体系重建与 30 年经济腾飞

第二次世界大战后，法国政府重点推动钢铁、煤炭、核能等重工业发展，并大力建设高速铁路、机场和高速公路等公共基础设施。在上述措施的推动下，法国逐步重建了工业体系，煤炭、钢铁、机械、有色、冶金、石化、电力、核能、航空航天、汽车、造船等工业逐步兴起，形成 30 年的经济腾飞。依托第二次世界大战前的产业基础，经过该时期的经济发展，最终形成了法国主要的老工业基地和工业城市，包括北部的里尔地区、东北部的阿尔萨斯-洛林地区、中部的巴黎盆地和地中海沿岸的福斯-马赛地区。其中，洛林高原和中央高原东北角为法国的煤炭工业基地；钢铁工业集中在阿尔萨斯和洛林地区；汽车和飞机工业集中在巴黎地区；造船和炼铝工业集中在马赛地区；纺织工业则集中在里昂地区。

（二）1976—1994 年第一次工业城市转型

1973 年世界石油危机爆发，法国煤炭、钢铁等工业受到严重冲击，部分重工业城市开始出现大量失业人口，迫使法国启动了第一次工业转型，老工业城市的转型全面拉开帷幕。第一次转型重点是淘汰和改造传统落后产业，发展新兴产业。对煤炭行业，从 1973 年开始实施关闭煤矿政策，首先是资源枯竭和深井作业矿区，而后逐步拓展至所有煤炭矿区，全国煤炭矿区职工由 1964 年 25 万人减少至 1997 年的 9 493 人，至 2004 年全部关闭。对钢铁行业，1974 年开始政策不再鼓励建设钢铁企业，钢铁工业职工从 1974 年的 15 万人减少至 1994 年的

5.3 万人。对纺织行业,1974 年开始不再鼓励发展通用纺织行业,纺织部门职工由 1974 年的 71.8 万人减少至 1990 年的 28.6 万人。目前家用纺织业基本消失,仅保留了高技术纺织、智能纺织与奢侈品纺织业。与此同时,法国积极发展电子信息和电子计算机等新兴产业,改革汽车等工业行业的生产模式,鼓励采用机器人和自动化技术提高企业生产效率。

(三)1995—2008 年第二次工业转型

1992 年欧洲共同体成立,迫使法国全面开放国内市场,由于德国等国工业企业的冲击,法国工业经济 1993—1997 年均增长速度下降至 3%左右,1997 年全国失业人口增长到 250 万人左右,这迫使法国开启了第二次工业转型,重点是进一步调整结构,聚焦发展有竞争力的工业领域。大力发展具有国际竞争力的航空制造、新能源工业和环保产业。依托空客等大型企业,支持航空航天、高铁等产业发展成为具有全球竞争力的支柱产业。大力发展核电工业,支持核电企业开拓国际市场。积极发展环保产业,在国家宪法中规定“谨慎原则”,重视绿色就业,出台标准,打造品牌,发展绿色有机食品。高度重视旅游业等服务业的发展。将主题公园作为推动法国服务业发展的重要途径,建设迪尼斯等大型主题公园,服务全球游客需求。针对旅游市场鼓励奢侈品的制造和销售,积极发展品牌箱包、高档成衣等奢侈品制造业。但是,除以上领域,这一时期法国其他工业领域快速萎缩,总体是一个“去工业化”的过程,根据法国工业协会的统计,1971 年法国工业占国内生产总值的 33.6%,到 2014 年仅占 14.2%,下降了近 20 个百分点。世界经济论坛的国家竞争力报告显示,法国的工业竞争力排名至 2008 年已远远落在美、日、德等制造业大国之后。

(四)2008—2020 年第三次工业转型

受国际金融危机的冲击,面对“去工业化”带来的工业增加值和就业比重的持续下降,2008 年,法国启动实施第三次工业转型,旨在通过创新重塑工业实力,使法国重回全球制造业第一梯队。2013 年 9 月,法国政府公布了“工业化新法国”计划。2015 年 5 月，法国经济部仿效德国，对“工业化新法国”计划进行大幅调整，形成“工业化新法国Ⅱ”，明确了“一个核心，九大支点”发展战略格局。“一个核心”，主要内容是实现工业生产向数字化、智能化转型。“九大支点”，包括新资源开发、城市可持续发展、新能源汽车、网络和信息技术、新型医药等。法国政府拟通过大力实施该计划，以“进攻性”的做法挽回工业落后的局面，并实现再工业化。

二、法国工业转型的主要举措

在三次工业转型尤其是前两次工业转型过程中，法国对工业城市转型发展做出了很多探索，也取得了很大成效。特别是在第一次工业转型过程中，洛林地区、里昂地区的改造被视作老工业城市转型的成功案例。法国推进老工业城市转型的主要举措有：

（一）将关闭淘汰落后产能与发展新兴产业紧密结合

法国在老工业城市转型中，采用了替换式的转型发展模式，即对以煤炭、钢铁和纺织等为主导产业的工业城市，关闭不具备成本优势的企业，支持建设新的产业园区，尤其是高新技术产业园区，打造城市转型发展的新动力。例如，洛林地区历史上是以煤炭、钢铁为支柱产业的重要工业基地，1968 年生铁和钢产量分别达 1 176 万吨和 1 280 万吨，占法国生铁和钢产量的 71%和 63%，产业结构一度比较单一，随着钢铁工业的关闭破产，失业人口大量增加。实施转型政策以来，法国政府在洛林地区建设了 60 多个新的产业园区，其中重点建设了南锡和梅斯两个高新技术园区，重点发展信息、自动化、生物技术、材料、交通等国家鼓励的产业。为支持新兴产业发展，法国引导发展态势良好的国营企业到产业园区新建企业，同时将部分国家行政事业单位搬迁到老工业城市，带动该区域的发展，例如，法国国立行政学院搬迁到斯特拉斯堡，阿尔斯通公司在洛林地区建设了新的生产基地。2004 年，洛林地区的高新技术企业占比达到 16.6%，高于法国15.5%的全国平均水平。此外,法国各级政府重视原有工业设施的改造再利用与新功能开发,推动老工业区空间功能的多样化。例如将城市中心工业区的部分厂房进行改造后分割,分租给小企业作为办公区。对部分厂房进行改造重建,保留作为原企业的研发机构或公益性部门的办公用地。对部分具有纪念意义的厂房改造建设成博物馆,开展工业旅游。

(二)将国土空间管制和工业转型升级紧密衔接

通过国土空间规划与管制,为工业城市转型创造动力是法国促进工业城市转型发展的重要途径。1984—2008 年期间,法国国土空间规划与地区发展署(Minister of State for Regional Reform)以大区为单元,对落后老工业城市实施复兴计划,1984 年在全国确定了 15 个工业转型试点地区,明确了这些地区产业转型的主要任务和配套政策,约定为该地区工业重振提供部分经费,主要补贴公共基础设施建设,并在国家层面引导企业到这些地区发展。例如,批复了《洛林和加莱地区 1984—1988 年复兴发展规划》。同时,推动老工业城市与邻近大都市之间加强产业协作,签署分工合作协议,规避恶性竞争。例如巴黎北部的工业基地 93 省与巴黎市之间签署了《创新不竞争协议》,即对外来投资企业,两地区根据产业基础和发展重点,不互相恶性竞争,形成产业分工协作的共同体。

(三)重点建设国际竞争产业园区

在此前发展产业园区的成功经验基础上,法国在第三次工业转型过程中,积极推进新式产业园区——国际竞争产业园区建设,并将此作为工业城市转型的核心平台。国际竞争产业园区的概念与发展始于 2004 年,法国将传统的六大工业基地(里尔、巴黎、洛林、里昂、波尔多、马赛)进一步细化为若干个工业区,在这些区域率先布局国际竞争产业园区,而后逐渐推广到全国。国际竞争产业园区采用“把研究机构、教育机构和生产企业根据某一经济方面的需求集中布局”的原则,进行统一规划建设。法国为国际竞争产业园区制定了专门的法律,明确了严格的界定与准入条件。该园区一般规划为 5~10 平方千米,每个园区明确一个重点发展产业（航空航天、汽车、信息技术、生物医药等），集中聚集同行业几十家甚至几百家企业，国家在园区内布局一个大学（学院或分校）和一所技术职业学院，以及一个科研机构和共性技术研发中心，形成"技术职业学院培养工人，科研机构研发技术，大学培养工程师和科研人员，企业从事生产"的组织模式。入园企业由法国经济和工业部的评价机构进行审核，重点审核内容包括企业是否具有创新型专利，是否与所在城市发展方向和国土空间规划相吻合，是否为本行业内的优秀信用企业。为建设国际竞争产业园区，法国成立"唯一投资基金"，专门负责园区建设投资，目前每年国家投入 15 亿欧元，大区每年投入 20 亿欧元。政府为入园企业发展提供特殊政策，包括资金资助、技术支持与科技支持，并通过财政拨款或 BOT 模式建设园区基础设施。国际竞争产业园区实施动态调整，根据定期评估结果实施合并或关闭。最初设立时有 77 个，2013 年减少至 71 个，截至 2015 年 9 月为 67 个，包括 60 个已建成园区和 7 个在建园区。目前，67 个园区贡献了全国近 80%的出口总额和近 60%的工业产值。

（四）形成推进工业城市转型的政策合力

法国在工业城市转型过程中，采取了积极有效的扶持政策，特别是将财税、投融资、就业等政策与衰退产业调整和新产业培育等重点转型任务相配合，保障各类计划的实施。第一，完善促进工业转型的投融资政策。1979 年，法国专门为传统工业城市转型设立了"工业自应性特别基金"和"矿区工业化基金"，对转型困难地区发展新兴产业进行补贴和专门信贷。2004 年，法国在国家储蓄信托银行中设立高收益率"储蓄 A"产品（类似我国的专项国债），专门用于支持城市转型中的住房、公共基础设施和新兴产业项目贷款，国家投资银行（BPI）也成立了大巴黎公司（类似我国的城投公司）等融资平台，作为第三次工业转型的战略投资者。2013 年，法国成立国家投资银行（BPI），由国家财政和法国信贷公司（CDC）共同出资，集中用于支持创新、战略性产业和中小企业。第二，加大对企业创新的财税支持力度。1955 年，法国政府出台了在工业化重点地区实施财政补贴的政策,对符合区域发展计划而创建的工业企业进行补贴。目前,法国工业转型地区符合政策导向的投资,均可享受欧盟或法国政府的各种补贴。例如在洛林地区,政府对企业的技术转让、科技创新、中小企业技术推广等进行财政补贴。积极实行重点行业研发抵税,在第三次工业转型中,在信息技术领域积极推行研发抵税政策,最高可达到投资总量的 50%。第三,在转型期施行特殊的就业和社会保障政策。20 世纪 60 年代末期,法国制定实施部分工业行业提前退休计划方案,煤炭、钢铁等传统产业的转型企业职工,凡年龄达到 55 岁的均可办理提前退休,由国家就业基金提供退休金,与正常退休的差额由企业和政府共同承担。1970—1980 年,洛林地区煤矿享受该政策提前退休的煤矿业职工有 3 919 人,占同时期退休职工的 37.3%。为加快产业结构调整,1980 年起,法国政府要求煤矿业全部停止招收新的职工,至 1993 年,绝大部分煤炭业职工实现自然退休。在鼓励提前退休的同时,政府着力加强职工职业培训,提高职工转岗就业能力。法国劳工部设立了全国通用的个人培训时数账号(C.P.F),保障每人每年享受至少 20 个小时的职业培训,目前,法国 C.P.F 账号已有 300 万人登记。员工培训费用由国家、行业协会和转型企业共同承担,其中国家出资 60%,大区出资 10%,培训期间可领取基本工资的 70%,培训结束后可返回原企业工作,也可以离开企业另谋职业。

第五节　英国支持工业城市更新改造的经验

英国总人口约 6 000 万人,国土面积 24.41 万平方千米(包括内陆水域)。英国是工业革命的重要发源地之一,同时也是最早经历工业城市衰退和老工业城市改造的国家,英国政府和社会各界采取多种措施,经过长期不懈努力,成功实现了部分老工业城市的复兴。

一、英国工业城市转型的 4 个阶段

总体而言,英国老工业城市更新可以分为 4 个阶段:

(一)20 世纪 60 年代中期至 70 年代:政府主导、自上而下的物质更新阶段

从 20 世纪 60 年代中后期开始,城市人口的过度郊区化使英国城市出现了严重的内城衰退问题。对此,中央政府采取了一系列强有力的政策。1968 年由中央政府启动、地方政府实施的"城市计划"是该时期的重要城市更新项目,它试图通过改善建成环境,为社区居民提供就业培训并为一些社会项目提供财政支持来实现内城社区的改善目标。1969 年出台的《地方政府补助(社会需要)法》奠定了政策基础。1972 年,由国家环境部秘书处发起的内城研究计划开始重点研究内城衰退的原因,1977 年在大量研究探索的基础上,英国政府颁布了《内城政策》,并在次年出台《内城法》,将英国 7 个最衰落的工矿业地区纳入"内城伙伴关系计划",强调了政府部门之间、中央—地方之间的合作关系。20 世纪 60 年代中期至 70 年代末期,为城市更新而设的财政补贴和针对内城开发的研究等均以公共资源为基础,以政府计划为主导,缺少私营部门和社区的参与,呈现强烈的自上而下的特征。

(二)20 世纪 80 年代:市场主导、公私合作的物质更新阶段

20 世纪 80 年代,受到全球经济调整的影响,许多城市的传统工业结构经历了剧变。传统工业的衰退使得英国城市陷入了严峻的经济危机,由此也引发了一系列城市问题,包括失业率高企、土地荒废、社会排斥等。保守党政府面对形势的变化决定重拾市场,并通过缩减公共开支、撤销部分政府干预措施等途径来减轻政府财政压力。保守党政府开始寻求民间合作来实现内城更新,以应对产业结构转型对物质空间的需求。为此,英国政府采取了系列城市更新政策,包括成立城市开发公司,设立企业区,出台城市开发基金、城市再生基金和城市补贴基金等政策。由于 20 世纪 80 年代的城市更新政策以经济成效为价值取

向，鼓励私人投资，弱化社区参与。这种市场导向的城市更新政策集中于物质更新环节，容易受到房地产市场兴衰的影响。此外，该政策对于社会、文化等非物质因素和居民实际需求的忽视影响了更新地区的可持续发展。

（三）20 世纪 90 年代：公—私—社区合作的综合更新阶段

1991 年，英国政府出台了新的城市更新政策——“城市挑战”计划。该政策将社区参与纳入城市更新中，并通过竞标的方式分配城市更新资金。与此同时，竞标的主体需是由公—私—社区三者构成的合作伙伴组织，城市更新的内涵从单纯的经济、物质更新向经济、社会和环境的综合更新转变。1993 年，英国国家环境部提出将 20 个分散的更新基金整合为“综合更新预算”，并于 1994 年开始了第一轮的 SRB 投标。综合更新预算的投标总共进行了 6 轮，资助了 1 000多个城市更新计划。20 世纪 90 年代英国的城市更新政策实现了重要的转型，城市挑战和 SRB 均采用竞价投标的方式分配更新资金并要求公、私、社区三方合作参与，同时不断强化社区参与的作用。城市更新的内涵也从单一的物质更新向多元综合的经济、社会和环境更新转变，并对衰落地区给予越来越多的重视。

（四）21 世纪初期至目前：需求导向，关注社会公平的综合更新阶段

自 20 世纪 90 年代以来，英国的城市更新政策一直尝试加强普通居民在更新决策和管理等过程中的发言权和影响力。随着 1997 年新工党上台，“社区”理论成为了英国政府的战略支柱。新工党政府延续并强化了社区参与和多部门合作的核心理念，同时也对城市政策做出了一定的调整，主要包括以下两方面：一是更新基金应按需分配而不是基于竞争投标的形式；二是更多地关注到社会排斥的问题，认为应采用协同的政策手段来解决该问题。1997 年，工党政府成立了“社会排斥小组”，开展了系列城市复兴的创新行动。2001 年出台的邻里复兴的国家策略便是其中最重要的举措，标志着英国城市更新政策的再度转型。与 20 世纪 90 年代的城市挑战和综合更新预算相比，邻里复兴的国家策

略更关注社区层面贫困问题的解决。该国家策略构建了“中央—区域—地方—社区”的多层面实施机制，同时涵盖了多类型的更新政策，包括邻里复兴基金、社区新政、邻里管理先驱、邻里联防等项目。其中，社区新政是工党政府上台以后提出的第一个更新政策，也是最为突出的社区赋权创新项目之一。为了更好地确保社区参与，政府还出台了《城市更新的社区参与：给实践者的指南》，为复杂的社区参与提供了综合性的指引，包括社区参与机制的建立、社区能力的建设和弱势群体的参与等。

二、英国工业城市更新改造的经验

（一）高度重视历史文化的保护和传承

英国政府在推动城市更新转型的过程中，注重强调城市文化的保护和城市内涵的打造，并不一味通过大拆大建追求“大而新”的城市建设，而是强调对历史的传承和对文化的弘扬。在改造旧城、建设新城的过程中，对一些工业历史遗迹和地方传统建筑进行了很好的保护。在曼彻斯特、伦敦这些城市中，经常可见古老建筑和现代建筑交相辉映的场景。城市古建筑群或传统建筑群绝非是城市的“疮疤”，它们是城市文明的“根”，代表着城市古老的文化沉淀和城市特色，象征一个城市昔日历史的辉煌，增加了整个城市的厚重感。

（二）城市更新着眼多重维度目标

英国对于城市更新本质的认知经历了一个逐渐深化的过程。英国第二次世界大战后20年的更新政策主要着重于物质环境的更新，推倒式的重建成为典型的除旧换新的城市建设手段。20世纪80年代，自由市场主义占了上风，城市更新问题被看作一个经济范畴的问题，以追逐利润和经济增长为目标的、房地产开发为主导的物质更新活动成为主流，社会层面的问题被认为可以由市场经济发展带来的涓滴效应来调节和解决。然而市场主义的城市更新并没有带来预期的成果，却导致以社区为基础而形成的各种人际网络及其价值观念的不断流失，而由私有部门投资为主导、公私合作的伙伴关系并不能保证真正的公众利益。同时，物质环境的衰败只是多元化的城市问题的症状而非根源，单维的更新并不能解决多种因素引起的城市衰落问题。因而，对于城市更新这个概念，开始有了全新的诠释。当前对于城市更新的理解可以概括为："城市更新是用一种综合的、整体性的观念和行为来解决各种各样的城市问题；应该致力于在经济、社会、物质环境等各个方面对处于变化中的城市地区作出长远的、持续性的改善和提高。"总而言之，城市更新要体现可持续发展的原则，做到经济、社会、环境的协调发展。

（三）充分发挥旗舰型项目的引导作用

英国老工业城市更新中，常常通过旗舰型项目的实施，有效带动城市空间布局的重构以及城市形象的改善。例如伦敦的奥运会建设项目和金丝雀码头改造项目、曼彻斯特的索尔福德码头改造项目等，都属于引领城市旧区复兴的旗舰项目。金丝雀码头位处泰晤士河以东，其历史可以追溯到 1802 年，历史上曾是地球上最繁忙的航运港口，在 1950—1980 年逐渐衰落以至关闭，直到 1983 年英国政府将这里划为企业开发区域，这里才迎来第二春。经历了 30 多年的发展，金丝雀码头区从一片近乎荒芜的船坞港口崛起成在国际上举足轻重的伦敦第二个金融中心，区内工作人口 12 万人，云集了英国数座摩天大楼，区域内的银行总部数量已经超过传统的伦敦金融城。曼彻斯特的索尔福德码头，以废弃的码头为单元，整体开发兴建的"英国媒体城"园区，成为欧洲第一个专门以媒体为核心的聚集区，BBC 广播电视机构的大部分业务已转移至此，也使曼彻斯特逐渐取代伦敦成为英国的媒体中心。

（四）注重产业的不断升级

英国老工业城市更新中，普遍能根据全球产业分工和合作体系的变化，结合自身特点，通过产业的不断升级发展，谋求有利的产业链地位。例如，曼彻斯特拥有优越的地理位置，位居英国中心，离伦敦非常近，而曼彻斯特一直有发展自由贸易的传统，同时经济自由化和合作运动的先导使曼彻斯特已经成为了一个国际性的大都市，这些都是发展服务业的前提。于是曼彻斯特政府和企业顺应这种城市发展，迅速转型发展服务业，及时引导经济向多元化方向发展。到20世纪90年代初，制造业就业人口占比降至11%，服务业就业人口在总就业人口中的比例迅速上升为84%。近十几年来，曼彻斯特经济多元化转型仍在加速。其中，金融、教育、旅游等行业的就业人数增长尤其迅猛。更为引人注目的是，曼彻斯特在创意产业和文化产业方面发展迅速。如今，曼彻斯特已成为一个以金融、服务业、交通、教育和体育为支柱经济的城市。

第六节　日本促进工业城市转型的经验

一、制定系统法规

日本在促进区域协调发展过程中，逐渐形成了一套较为完整的区域规划立法和政策体系，比较有效地逐步缩小地区间经济发展差距。日本区域经济政策是以区域发展的法律体系为核心，由一系列的地区开发立法组成，既有国家性大法，又有地方性法律；既有产业振兴法，又有特定地区法。早在1950年，日本就制定了《国土综合开发法》，作为地区开发的根本法。该法对有关国土和地区开发的审议会制度、全国和各地方以及特定区域的综合开发规划的制定和实施做出了明确规定，并与后来相继制定的《孤岛振兴法》《山村振兴法》《北海道开发法》等关于特定落后地区振兴的法律，《新产业城市建设促进法》《低度开发地区工业开发促进法》等关于对产业的空间布局进行引导的法律，以及《控制首都圈市区内工厂等新建法》《工厂立地法》等限制大都市圈工业布局的法律一起，构成了一个相对完整的地区发展法律体系，使得各地区开发有立法作保障，制度有章可循。日本在系统立法方面大体经历了4个阶段。

第一阶段,战后复兴期(1945—1955 年)。主要是制定《国土综合开发法》《北海道开发法》《地方开发促进法》,编制实施全国综合开发计划、地方综合开发计划、都道府县综合开发计划、特定地区综合开发计划等。

第二阶段,高速增长前期(1955—1965 年)。主要是:①出台《首都圈建设法》,制定首都圈基本计划,防止人口及产业过度向首都集中。②制订全国综合开发计划,重点是防止大城市过于庞大,缩小地区差距,按基本开发方式将日本全国分为过密区域、建设区域和开发区域。其中,过密区域是对产业等进行管制和引导的区域(京浜、阪神、名古屋、北九州);建设区域是以引导工业疏散为目的,应当进行基础设施建设的区域(除过密区域以外的关东、东海、近畿、北陆等地区),设定大规模工业开发地区及中等规模开发城市;开发区域是以积极促进开发为目的,应当进行基础设施建设的区域(其他区域),设定大规模地方开发城市、大规模工业开发地区及中等规模地方开发城市。

第三阶段,高速增长后期(1965—1973 年)。主要是:1965 年,出台新全国综合开发计划,以构筑交通通信新网络、产业开发、环保项目为重点,推动"大规模开发项目",主要是提出广域生活圈构想,建设核心地方城市,建立连接其与圈内各区域的交通体系。

第四阶段,高速增长的终结(1974—1986 年)。主要是制订第 3 次全国综合开发计划,提出"定居圈构想"。根据地区特色,营造充满活力且富足的综合环境,从而打造新的生活圈。

二、综合施策应对传统工业地带的衰退与转型问题

日本和其他主要发达国家一样,在推进工业化进程中,都遇到了传统工业地带(锈带,Rust Belt)的衰退与转型问题。比如,大阪湾附近的旧阪神工业地带是日本主要的工业集中区,在 20 世纪初该区域工业产值占全日本的 30%,现在下降到 10%左右,从 20 世纪 80 年代开始出现大量企业和人口外迁现象。日本学者分析,这些传统工业地带转型困难的主要原因是存在路径依赖,受制于

负面因素的持续锁定，包括机能固化、制度固化、空间区域固化、人的固化。要打破制约发展转型的恶性循环，需要综合施策。针对机能固化，应该充分发挥创新引领作用，发展新产业、新业态，促进产业多元化；针对制度固化，应适当放松制度政策管制，允许地方探索创新；针对空间区域固化，应推进老工业区再生、基础设施升级和生态环境建设，打造绿色宜居城区；针对人的固化，要加强人才培养、职业培训，提高学校老师、学生的流动性，积极吸引外部人才，推进知识的信息化并积极推动传播。为支持传统工业地带转型发展，日本中央政府在综合特区选择布局、新兴产业发展、基础设施和创新设施建设、人才培养、企业布局等方面，都给予了大力支持。

创设综合特区是近年来日本实施新成长战略的重大举措，包括国际战略综合特区和提升区域活力综合特区。目前，日本先后认定了 7 个国际战略综合特区，主要是具有经济成长引领能力和国际竞争优势的大城市及拥有优势资源的区域，分别是：东京都吸引外资的亚洲总部特区，爱知县、岐阜县、名古屋市航空航天产业特区，关西医药创新特区，筑波绿色生活特区，神奈川县、横滨市、川崎市生活创新特区，福冈县、福冈市、北九州市绿色亚洲特区，北海道食品综合特区。国家对这些特区实施特殊政策和支持举措，放松规制限制，国家有关政令和规章制度可按照特事特办的原则进行调整，此外实施税收、财政、金融等一揽子支持措施，主要包括：企业享受相当于投资额 15%的税额减免等优惠；灵活应用财政预算额度给予重点支持；中央政府从财政预算中另设“综合特区发展机动补充经费”；对从特定银行贷款的重点项目给予 0.7%的低息贷款，国家实施利息补贴；创设税收抵扣制度，实行特别折旧率或法人所得税抵扣制度。同时，建立事后评估机制，对成立满 1 年以上的综合特区每年进行评估。在每个国际战略综合特区内部，指定一些园区和区域作为重点区域。如在关西国际战略综合特区内，划定关西国际空港地区、京都学研都市、播磨科学公园都市、神户医疗产业都市、阪神港、北大阪等重点园区作为政策具体支持区域。此外，为了激发地方发展活力，促进地方振兴发展，日本还设立了 41 个提升地区活力综合特区，明确产业振兴和创业支援等提升地区活力的措施，40 多个都道府县和 1 737 个市区町村制定出发展规划（“地方版综合战略”），中央主管部门审核认定后给予财政支援。

第七节　俄罗斯促进产业结构单一城市转型的经验

俄罗斯领土横跨欧亚大陆，东西跨越 1 万多千米，地区之间发展差异巨大。经济集中在欧洲部分，其中莫斯科和圣彼得堡两市占全俄地区生产总值的 27%，而 617 万平方千米的远东联邦区（面积占全俄的 36.4%）仅占全俄地区生产总值的 4%，现有的 1 100 个大中城市中，310 个分布在中央联邦区，198 个位于伏尔加河沿岸区，145 个坐落在西北联邦区，而南方联邦区、北高加索联邦区和远东联邦区均不足百个，其中远东联邦区和北高加索联邦区则没有一座百万人口以上的城市。特别是苏联时期建设了大量“因厂设市”“厂市一体”的城市，这些城市在俄罗斯转轨过程中由于主导企业衰退导致城市发展动能瞬间消失，城市发展陷入困境。近年来，俄罗斯采取了一系列措施，解决产业结构单一城市的问题。

根据俄罗斯专家研究所的调查报告，产业结构单一市镇的确定标准有两个：一是单一企业或者同一行业的企业创造了全市（全镇）50%的工业产值或者服务业产值；二是同一企业集中了全市（全镇）25%的就业人员。产生了大量产业结构单一的市镇是苏联城市化的典型特征。苏联新城市的建立大致经历 4 个阶段：建立企业—项目投产—工程竣工—城市形成。可见，在大型工矿企业的基础上发展起来的小城市大多具有产业结构单一的特征，因而被称为产业结构单一市镇。比较典型的产业结构单一市镇集中在采煤、发电、冶金、化工、木材加工、机械制造、食品和轻工业等领域。如西北工业区形成了以纺织业为主的市镇，伊万诺沃州和临近地区集中了大量纺织业市镇，北方和西北乃至中央区北部形成了大量的木材加工和纸浆制造业市镇，顿巴斯等地区则形成了煤业市镇。产业结构单一市镇在工业发达国家也存在，但从规模上看，俄罗斯的问题要严重得多。根据俄罗斯地区发展部2009年公布的数据，俄罗斯产业单一的城市数量为335个，约占城市总量的40%，有1 600万人口[①]。产业结构单一城市中，5%（拥有140万人口）危机状况较为严重，需要联邦政府采取措施；15%（540万人口）处于濒临危机的高风险状态，需要联邦主体政府解决；80%需要对其经济和社会发展状况进行定期监控，并制定中长期发展规划。2008年金融危机爆发时，产业结构单一城市的脆弱性显露无遗，特别是专门从事黑色和有色金属冶炼、机械制造的城市。俄罗斯地区发展部从2009年开始制定专门的规划支持这些产业结构单一城市。2010年和2011年俄联邦经济发展部制定并实施了国家援助试点项目，这些项目使这些城市的劳动市场情况有所缓解，并创造了6万个工作岗位。联邦预算拨款240亿卢布。俄罗斯经济发展部为此设立专门负责机构，协调单一产业城市稳定发展。主要工作：一是制定单一产业城市清单，设立城市发展风险评估和发展预测体系，评估国家支持措施效率；二是制定单一城市投资项目清单，确定落实机制和筹措资金；三是会同地方政府及时向政府报告单一城市社会经济状况变坏的可能性，以便采取必要措施[②]。

此外，俄罗斯还积极支持这些结构单一城市充分融入各联邦区中心城市，开展产业协作。俄罗斯欧洲中心部分面向欧洲市场；北高加索与外高加索和近东国家相邻，民族政治形势复杂；欧洲部分北部地区是俄罗斯的资源区与主要海运基地之一；乌拉尔与西西伯利亚是俄罗斯经济的资源基础，是与中亚及东南亚国家进行经济协作的技术中坚力量；东西伯利亚与远东，是俄罗斯的资源基地，是主要资源的新兴开发区，是与亚太地区进行合作的前哨。由此，各联邦

---

① 产业结构单一市镇在俄罗斯属于近些年的新问题，统计数据不完备，各方数据出入较大。2008年俄地区发展部撰写的报告《俄罗斯产业单一城市：如何克服危机?》中引用了专家研究所2000年的数据，即单一产业市镇有460个，集中了全俄1/4的人口。而根据社会政策独立研究所的估算，俄罗斯单一产业市镇不少于150个（不包括军工和核工业封闭城市），居住人口占俄罗斯全部人口的8%，城市人口的11%。

② 高际香.俄罗斯城市化与城市发展[J].俄罗斯东欧中亚研究，2014(1)：38-45.

区的产业布局轮廓基本形成。南部区域产业结构较为齐全的城市和城市集聚区将侧重发展进口替代型加工工业,北部区域分布的产业单一城镇将主要发展采矿业和原料初加工工业。在乌拉尔地区规划建立两个创新中心:一是叶卡捷琳堡创新综合体;二是以南乌拉尔大学为基础在车里雅宾斯克建立创新中心。实现基础产业的创新发展,特别是交通、重型机械制造、化工、农业、能源机械和仪表、医疗设备、冶金等部门,并建立地区生产集群。此外,打造西伯利亚区域、乌拉尔工业区、亚马尔半岛区、乌拉尔东部坡地区和南乌拉尔农业区 5 个发展带。依托俄罗斯科学院、俄罗斯医学科学院和俄罗斯农业科学院西伯利亚分院,在伊尔库茨克、克麦罗沃、克拉斯诺亚尔斯克、新西伯利亚、鄂木斯克、托木斯克高等学校基础上建立国立研究型大学,研制世界水平新技术,进行工业应用,实现"产学研"一体化,使创新成为经济增长的主导因素,逐渐形成新经济部门,对经济和社会传统服务部门进行现代化改造,增强竞争力。

参考文献

[1] 国民经济和社会发展第一个五年计划,1953 年 5 月.

[2] 国民经济和社会发展第七个五年计划,1986 年 4 月.

[3] 国民经济和社会发展第九个五年计划,1996 年 3 月.

[4] 国民经济和社会发展第十一个五年规划纲要,2006 年 3 月 16 日.

[5] 国民经济和社会发展第十二个五年规划纲要,2011 年 3 月 14 日.

[6] 国家统计局.中国统计年鉴(2003 年至 2015 年).

[7] 陈栋生.经济布局的理论与实践[M].沈阳:辽宁大学出版社,1989.

[8] 王梦奎.加快改革开放步伐,振兴我国老工业基地[J].经济研究参考,1992(25):458-464.

[9] 陈栋生.区域经济学[M].郑州:河南人民出版社,1993.

[10] 汪海波.新中国工业经济史(1949.10—1957)[M].北京:经济管理出版社,1994.

[11] 魏后凯.区域经济发展的新格局[M].昆明:云南人民出版社,1995.

[12] 郭腾云,陆大道,甘国辉.近 20 年来我国区域发展政策及其效果的对比研究[J].地理研究,2002,21(4).

[13] 陆大道.中国区域发展的理论与实践[M].北京:科学出版社,2003.

[14] 董志凯,吴江.新中国工业的奠基石:156 项建设研究[M].广州:广东经济出版社,2004.

[15] 张可云.区域经济政策[M].北京:商务印书馆,2005.

[16] 王洛林,魏后凯.东北地区经济振兴战略与对策[M].北京:社会科学文献出版社,2005.

[17] 宋晓梧.大力促进我国资源型城市可持续发展[J].北方经济,2006(7):

10-12.

[18] 魏后凯.中国区域政策——评价与展望[M].北京:经济管理出版社,2011.

[19] 孙平军,丁四保.东北地区"人口—经济—空间"城市化协调性研究[J].地理科学,2012(4):450-457.

[20] 金凤君,张平宇,樊杰,等.东北地区振兴与可持续发展战略研究[M].北京:商务印书馆,2006.

[21] 金凤君.东北地区发展的重大问题研究[M].北京:商务印书馆,2012.

[22] 杜鹰.2013 中国区域经济发展年鉴[M].北京:中国财政经济出版社,2013.

[23] 张志元,郑吉友,岳文飞.东北地区制造业发展模式的现行特征及转型路径[J].湖北经济学院学报,2013,11(5):57-61.

[24] 孙平军,修春亮,董超.东北地区经济空间极化及其驱动因子的定量研究[J].人文地理,2013,28(1):87-93.

[25] 关扬,庞雅莉.东北老工业基地地方政府职能转变[J].社会科学家,2013,198(10):79-81.

[26] 杨扬,李采薇.东北老工业基地产业集群竞争态势及对策分析[J].当代经济,2013(7):76-77.

[27] 赵林,王维,张宇硕,等.东北振兴以来东北地区城市脆弱性时空格局演变[J].经济地理,2014,34(12):69-77.

[28] 王士君,宋飏,姜丽丽,等.中国东北地区城市地理[M].北京:科学出版社,2014.

[29] 马克,黄文艺.中国东北地区发展报告(2014)[M].北京:社会科学文献出版社,2014.

[30] 闫贵壮.东北老工业基地振兴中的民营经济发展[J].合作经济与科技,2014(23):48-49.

[31] 甘静,郭付友,陈才,等.2000 年以来东北地区城市化空间分异的时空演变分析[J].地理科学,2015,35(5):565-574.

[32] 柳卸林, 高太山.中国区域创新能力报告 2014[M]. 北京:知识产权出版社, 2015.

[33] 范恒山.推进新一轮东北振兴要处理好若干重大关系[J].中国经贸导刊,2016(14):40-41.

[34] 王一鸣.新一轮东北振兴的时代背景和总体思路[J].中国经贸导刊,2016(10):49-50.

[35] 宋晓梧.保障和改善民生是新一轮东北振兴的突出亮点[J].中国经贸导刊,2016(11):46-47.

[36] 范恒山.坚定信心 迎难而上 奋力推进东北地区实现全面振兴[J].宏观经济管理,2016(8):14-16.

[37] 周建平.精准施策 推动东北地区经济企稳向好[J].中国投资,2017(3):47-49.

[38] 杨荫凯,刘羽.东北地区全面振兴的新特点与推进策略[J].区域经济评论,2016(5):85-93.